elefante

BEATRIZ PERRONE-MOISÉS

FESTA E GUERRA

MOVIMENTOS COLETIVOS DOS POVOS NATIVOS DA AMÉRICA

OS POVOS INDÍGENAS SÃO OS ÚNICOS NO MUNDO — PELO MENOS DE QUE A GENTE TEM CONHECIMENTO — QUE LUTAM CANTANDO E DANÇANDO.

— Vanuzia Pataxó, 2024

APRESENTAÇÃO

QUANDO DEIXEI A ALDEIA CACHOEIRA, então norte de Goiás, em 1983, sem saber quando voltaria, meus anfitriões mehin (krahô) deram-me um bastão de condutor de festa (dito cerimonial) e uma borduna. Eu ainda teria de aprender muito para chegar ao entendimento de que nesse par de objetos estava já expressa a ideia central deste ensaio. Em outubro de 2010, na aldeia Bona, no médio Rio Paru de Leste, no Pará, Merekuku Aparai presenteou-me com a afirmação de que "dono de festa é como chefe". A partir de então, fatos colecionados ao longo de anos foram se conectando. Ele tinha sido encarregado pelo sogro de organizar uma festa. Assim que a data foi marcada e o convite foi enviado a uma aldeia vizinha, a casa de Merekuku e Xihpatae Wayana, sua esposa, entrou num ritmo acelerado e constante de produção. Ele, como dono da festa, chamou homens mais velhos, portadores de conhecimento, para acompanhá-lo nas atividades, aconselhando e ensinando. Compareceram a todos os ensaios noturnos — alguns diurnos — com as flautas, feitas pelo dono da festa, tocadas por dois homens convidados para isso. Merekuku testava as flautas nos intervalos das reuniões para a fabricação dos adornos, também em sua casa. Da escolha das penas às técnicas de acabamento, os aprendizes eram instruídos pelos mais experimentados. Também lá estavam os mais velhos, comentando as peças que iam sendo feitas, aconselhando, contando histórias de antigos e memórias suas. Enquanto isso, em outros espaços da casa, a anfitriã coordenava atividades igualmente intensas.

Na produção das roupas de festa, muitas jovens meninas viram fiar e tecer o algodão pela primeira vez, e também pela primeira vez escutaram muitas histórias. Graças à apurada educação da anfitriã, os participantes da festa puderam ser adequadamente pintados com os elaborados motivos da tradição wayana, já esquecidos pela maioria das mulheres; também as sessões de preparo do jenipapo, seleção de talos-pincéis e pintura foram ateliês de aprendizagem e contação de histórias. A esposa do dono da festa coordenava ainda, como é costume, a indispensável e laboriosa produção de caxiri. No momento que Merekuku fez a comparação que deu às ideias deste ensaio um impulso fundamental, estava organizando a delicada distribuição das miçangas (trazidas de São Paulo) e dos tecidos (comprados em Macapá), destinados a fazer belos os participantes da festa. Comentou comigo como era difícil evitar que alguém se sentisse preterido na distribuição; parecia conformado com o fato de que sempre haveria descontentes, por mais que se esforçasse. Sua família acabou sem nenhum corte de tecido novo e tirou cordões de miçanga do próprio acervo para enfeitar alguns dos participantes menos providos. Com um sorriso, ele disse: "Tive de dar tudo". O que virá a seguir evidencia o alcance e a perspicácia de sua comparação entre chefes e donos de festa. O casal certamente honrou a posição de anfitrião.

■

Em 1744, num dos vários encontros entre representantes da Coroa britânica e porta-vozes das nações iroquesas no nordeste da América do Norte para a negociação de alianças, um orador da nação Onondaga lembrou os britânicos que "nações diferentes possuem conceitos diferentes". O lembrete era necessário, visto que os britânicos agiam como se seus conceitos próprios fossem — ou devessem ser — universais.

Michel de Montaigne, já no século XVI, alertava: cada qual julga absurdo, incompreensível, "bárbaro" o que não é de seu costume. Como os Iroqueses e, por princípio, os praticantes da disciplina antropológica, ele tinha consciência de que os conceitos de uma cultura não podem servir de parâmetro para entender outra — menos ainda para julgá-la. Marcel Mauss, venerável ancestral da antropologia, lembrava-nos, há quase cem anos, que em instituições e ideias de outros povos "estão misturados todos os tipos de princípios que nossos vocabulários europeus, pelo contrário, empenham-se com afinco em distinguir". Na década de 1950, Arthur Hocart, antropólogo britânico, melanesista, considerado excêntrico, retomava a questão e indagava: "Como podemos fazer qualquer progresso na compreensão de culturas antigas ou contemporâneas se continuarmos dividindo o que as pessoas juntam e juntando o que separam?". As palavras são outras, as distinções são outras. Daí a antropologia ser dita uma operação de tradução, continuamente desafiada a encontrar palavras em línguas ocidentais — do pensamento ocidental — para expressar o que o Ocidente desconhece. Nos percursos da disciplina, de tempos em tempos, o desafio é relembrado.

Franz Boas, outro venerável ancestral, comparava as culturas a lentes, que conformam e, por isso mesmo, limitam a visão do mundo de cada pessoa ao que é de sua tradição. Mas nativos americanos, como o orador onondaga e Davi Kopenawa, não parecem limitados a suas próprias lentes e dão provas de ver além do que é de seu costume. Outro exemplo é o de Montaigne, que por sinal aprendeu muito ouvindo os Tupi da costa brasileira em visita à Normandia, no norte da França, para onde os navios franceses que faziam a rota do Brasil no século XVI traziam costumeiramente aliados indígenas para conhecer sua terra. Gentes ocidentais modernas parecem ter uma especial dificuldade em tomar consciência das lentes de sua própria cultura, que as impedem de conhecer outros costumes em seus (delas) próprios termos.

Em busca de melhores traduções, as que os próprios índios fazem, geralmente relegadas às margens do texto e da análise de textos especializados, devem receber especial atenção. Palavras recorrentes do léxico do chamado "português dos índios" — quer o português seja para eles uma segunda língua ou a que é hoje a sua língua materna, após gerações proibidas de falar suas línguas e muitas vezes punidas por isso — deveriam ser incorporadas à reflexão e até ao vocabulário especializado, eventualmente substituindo categorias correntes em descrições e análises. Longe de corresponderem a um uso aproximado da língua europeia colonizadora, as traduções nativas decorrem de longos processos de reflexão por parte de povos cujo interesse por outras línguas está registrado desde os primeiros momentos da invasão europeia. "Festa" é a palavra usada por muitos povos nativos no Brasil para falar de eventos que especialistas costumam chamar de "ritual". Nos dicionários, o substantivo "ritual" prende-se inequivocamente ao campo religioso; quando se afasta dele (já lá pela quarta acepção), mantém da religião o aspecto solene, litúrgico. Também na antropologia há mais de uma definição de "ritual", mas as festas indígenas transbordam todas elas. Recortes de nosso pensamento continuam nos impedindo de considerar em conjunto — e sem supostas prioridades — tudo o que as compõe: cantos, danças, competições, banquetes, brincadeiras, apresentações de vários tipos, reencontros, trocas de notícias, atualização de relações preexistentes e estabelecimento de novas relações. Termos como "ritual" e "cerimônia" são também utilizados por indígenas que, com essa escolha de tradução, certamente buscam evocar para os não indígenas a importância e o respeito que merecem esses eventos, mas afastam deles outras características essenciais das festas. Se as traduções escolhidas são indicações de caminhos para o entendimento daquilo a que se referem, também merecem mais atenção as palavras de línguas europeias que pontuam recorrentemente falas em línguas nativas, indicando ideias próprias da tradição ocidental sem correspondentes no pensamento — e, portanto, nas línguas — de quem fala. "Política" e "representante" são duas delas. Quando empregadas por indígenas, assim como "festa" e "guerra", são eminentes exemplos de palavras que produzem equívocos, sobre as quais Eduardo Viveiros de Castro nos convidou a refletir há alguns anos; significam coisas diferentes quando são ditas por gentes diferentes.

O problema central dos caminhos de pesquisa que percorri para desembocar nas ideias aqui expostas, próprio do subcampo da antropologia chamado de antropologia política, é a definição de "política". Na herança ocidental há várias definições. Antropólogos deveriam saber de saída que as concepções ocidentais modernas de política não podem servir de parâmetro quando se trata de estudar políticas de povos não ocidentais, mas mesmo assim elas permanecem vigentes em grande parte das descrições e análises dedicadas a evidências de diversas regiões do mundo, que revelam "políticas" das mais diversas e desafiadoras para as teorias "de cá", como dizia Montaigne. A ideia de que a centralização do poder resulta de um processo de evolução que teria partido de bandos desorganizados, por exemplo, permaneceu forte, jogando na categoria pré-política grande parte dos povos do planeta. A concepção estrita de que só há política quando existe uma instância centralizada de tomada de decisões fez falar em "povos apolíticos". Montaigne, antepassado e patrono da etnologia americanista, permanece excepcional em oceanos de teorias a respeito de formas e práticas políticas não ocidentais. No ensaio "Dos canibais" (1588), ele conta que esteve com três homens vindos da região da França Antártica (na Guanabara) para visitar a França e que, perguntados sobre o que lhes parecera mais admirável, disseram, em primeiro lugar, "achar muito estranho" que homens barbados, fortes e armados obedecessem a um menino em vez de escolherem um deles para liderar. O rei em questão era Carlos IX, que ascendeu ao trono francês aos dez anos. Em Montaigne, é o espanto dos Tupi da costa brasileira diante de um menino rei que convida a um questionamento sobre os princípios da política europeia. De modo geral, ocorre o contrário: nossa tradição de pensamento prevalece e neutraliza com seus pressupostos e suas classificações os desafios que nos são apresentados por outras gentes. Pierre Clastres também se destaca nesse cenário ao provocar continuamente nosso pensamento com ideias outras de política, dentre as quais destaca-se a de política sem poder.

Em busca de uma definição liberta de pressupostos ocidentais de política que abrisse a possibilidade de compreensão e tradução, cheguei à definição de política como modo de operar coletivos ou conjuntos de princípios e procedimentos de juntar e separar grupos. Meus caminhos de pesquisa desembocaram em dois modos-moldes de relação, de constituição e dissolução de coletivos entre os povos nativos das Américas. Chamo-os "festa" e "guerra", ressaltando novamente que essas duas palavras têm aqui um sentido diferente do que podem evocar a leitoras e leitores lusófonos. O argumento central deste ensaio é o de que os povos indígenas deste continente, em suas milhares de variações no tempo e no espaço, concordam em conceber e praticar as relações entre diferentes seres do mundo — tanto as que qualificamos como sociais e políticas quanto as que associamos ao campo religioso ou às relações com "o meio" — em modo festa e em modo guerra, por assim dizer.

Evoco dados de diversos tipos e proveniências — fontes históricas, etnografias publicadas e inéditas, depoimentos, documentos, notícias, filmes, entrevistas, sites — produzidos entre os séculos XVI e XXI. Os exemplos selecionados procuram evidenciar a recorrência continental e persistente ao longo dos séculos de princípios de filosofia política assentados na operação conjunta e imbricada de atividades festeiras (de conjunção) e guerreiras (de oposição). Em relação aos exemplos mencionados, cabe observar que centenas (talvez milhares) de outros exemplos poderiam ser evocados.

A proposta situa-se no plano que, segundo entendo, Ailton Krenak fala em "sintonia" entre esses povos, ao mesmo tempo tão distintos uns dos outros: o plano em que o grande mestre americanista Claude Lévi-Strauss, analisando histórias dos antigos (que chamamos de "mitos") de povos indígenas de todas as regiões das Américas, revelou um pensamento original e compartilhado. A proposta de um pensamento comum a todos os povos nativos da América pode evocar a ideia corrente, e equivocada, de uma "mesma cultura". São centenas de culturas nativas nas Américas, centenas de línguas que sobreviveram à guerra implacável e contínua que se move contra eles desde o início da invasão do continente americano. Georges Dumézil, contemporâneo de Lévi-Strauss e mencionado por este como companheiro intelectual, dedicou-se ao estudo de mitos contados por romanos, iranianos, indianos, escandinavos e turcos, entre outros, e revelou um pensamento compartilhado pelos povos indo-europeus. A unidade indo-europeia e a unidade americana que esses autores apresentam situam-se num nível profundo, e são extremamente diversas as formas culturais que tais princípios fundamentais assumiram e assumem, bem como o plano em que podem se realizar de modo mais manifesto. Ou seja, os povos indígenas americanos podem diferir uns dos outros tanto quanto eslavos e ibéricos, escandinavos e hindus. No caso indo-europeu, supõe-se que o compartilhamento decorra de uma origem comum. No caso americano, a questão não é a origem, mas a intensidade das trocas realizadas entre os povos originários no continente, que partilham notavelmente o interesse por aprender coisas novas com gentes diferentes: "abertura para o outro", na expressão de Lévi-Strauss.

Um mundo em si, esse dos modos nativos de adotar e transformar o que vem "de fora", não cabe aqui. Bastará lembrar que as festas dos povos nativos das Américas, centrais neste ensaio, porque o são nos processos de constituição de coletivos, sempre foram aprendidas de outras gentes (de outros povos ou de gentes de planos cósmicos diferentes daquele em que vivemos) e, no processo de adoção, transformadas. Outro aspecto dessa abertura para o outro é a hospitalidade, um dos temas centrais deste ensaio.

A partir das histórias dos antigos, Lévi-Strauss apresenta como próprio do pensamento nativo americano o que chama de dualismo em perpétuo desequilíbrio: sempre opera com pares, é uma filosofia da relação, da diferença; são pares que engendram — se transformam em — outros e, sempre abertos à transformação, desdobram-se continuamente. A imagem é uma dupla espiral. Apresentado ao longo das *Mitológicas*, esse pensamento dualista que se pode perceber em operação na mitologia está no fundamento de tudo: tanto na organização social como na arte, tanto na noção de pessoa como na apreensão do cosmos. É importante lembrar que esse dualismo é distinto de outros encontrados pelo mundo afora, com os quais é muitas vezes confundido — e indevidamente criticado. Trata-se de "uma lógica dualista complementar não binária", resume Brian Burkhart, filósofo cherokee. É preciso ter isso em mente para acompanhar os argumentos deste livro, pois assim estão conectadas festa e guerra: sempre presentes, sempre alternadas, relacionadas por contraste, em constante transformação. Isso exige um esforço firme e consciente de nossa parte, dado nosso costume de enquadrar duplas de contrários na chave maniqueísta.

■

Na América nativa, grande parte da vida é dedicada ao preparo de festas, que incluem elaboradas e diversas apresentações. As aldeias sempre têm ou preparam para a ocasião um lugar adequado; não por acaso, muitos assentamentos nativos das Américas têm forma circular, com um "palco" central que garante boa visão e audição a todos. O lugar que cabe à festa na vida dos povos nativos deste continente incita ainda mais o diálogo com as artes, campo clássico da reflexão de americanistas, com contribuições marcantes de pioneiros como Boas e Lévi-Strauss. A produção dos espetáculos é sempre longa e complexa: figurinos, objetos, cenografia (para utilizar categorias que conhecemos, que retiram desses elementos características essenciais do ponto de vista nativo) exigem meses de confecção, técnicas apuradas, muito esmero. É preciso preparar muita comida para todos os participantes, e uma alimentação especial para as pessoas encarregadas das performances. Como atletas, atores, cantores e dançarinos entre nós, todos os que se apresentam são submetidos a um preparo exigente do corpo — no caso, a uma fabricação meticulosa do corpo adequado à performance.

Nossas reflexões sobre "artes", ao lado de nossas reflexões sobre "política", recentemente começaram a enfrentar a noção de representação. "Quando junto o copo do cachimbo e a vareta, começo a cantar a canção de encher cachimbo e ponho o tabaco no copo, isso não é um símbolo. Não representa: cria. Essa criação literalmente abre um canal de poder ou energia entre os mundos espiritual e material", alerta o já citado filósofo Burkhart. No mesmo sentido, Higino Tuyuka, homem de enorme sabedoria levado por mais esse presente de branco chamado covid-19, ensinou aos arqueólogos que os desenhos nas pedras não são representação, mas seres vivos conectados numa vasta rede. Do mesmo modo, a pintura corporal com os motivos de um grupo específico não representa a pertinência das pessoas a tais grupos; faz dessas pessoas membros desses grupos, faz pessoas do grupo, e assim faz e refaz grupos. O que chamamos de "adornos" compõe as pessoas que os portam e as altera. Flautas e cantos emitem a voz de outros, não algo que lembra, imita ou representa a voz de outros. Máscaras não representam gentes de planos normalmente invisíveis; quem as veste são tais gentes. Ainda há muito a aprender.

Vine Deloria Jr., venerável avô dos acadêmicos nativos norte-americanos, grande liderança lakota [povo das Grandes Planícies norte-americanas], costumava enfatizar o quanto os brancos desconhecem os índios, tanto os românticos, que imaginam povos que vivem em "harmonia com a natureza", quanto os que os consideram "selvagens e ignorantes" que devem ser aniquilados de alguma forma. As duas imagens são efeito de muita ignorância. Davi Kopenawa também comenta o quanto é penoso para eles o fato de os brancos serem tão ignorantes a seu respeito. Mesmo especialistas empenhados há muito tempo em conhecer melhor os povos nativos das Américas ainda interpretam mais do que escutam. Nos Estados Unidos, onde são numerosos os autores, pensadores e acadêmicos nativos, Shelly Lowe, do povo navajo [Diné; Arizona, Novo México, Colorado, Utah, Estados Unidos], diretora do Programa Nativo Americano da Universidade de Harvard, fala do "pouco reconhecimento de como o conhecimento de povos indígenas pode contribuir para um futuro comum melhor". E diagnostica a situação: "O que falta não são vozes, mas ouvidos". Em muitas línguas nativas americanas, escutar é entender e aprender, supondo-se a escuta atenta e respeitosa que praticam desde cedo as crianças índias. Se parecemos surdos, como têm dito muitos indígenas, entre os quais Davi Kopenawa, é porque, à diferença deles, não sabemos escutar.

Um par de etnólogos amazonistas, Joanna Overing e Alan Passes, especialmente atentos, há mais de vinte anos resumia:

> [Para entender filosofias sociais indígenas e, portanto, metafísicas indígenas] é preciso *escutar* bem o que as pessoas têm a *dizer*, e tomar suas palavras ao pé da letra (é embaraçoso ter de explicitar essa intenção, quando seria de esperar que fosse dada como óbvia). O objetivo decente, político e acadêmico de antropólogos deveria ser no mínimo a reapropriação da linguagem por seus falantes, sem a qual nenhuma conversa com o outro (como interlocutor) é possível.

A perspectiva pan-americana deste ensaio foi alimentada pelo crescimento exponencial de excelentes registros (etnografias) sobre povos nativos sul-americanos nas últimas décadas. Neste livro encontram-se tecidos conhecimentos e reflexões que recebi de mestras e mestres da antropologia, bem como da leitura de artigos e teses e do diálogo com colegas e alunos ao longo dos anos, em escritos, aulas, seminários e palestras. Decerto há nele passagens que quase literalmente repetem o que escreveram ou disseram algumas dessas pessoas, ainda que não mencionadas em forma de citação; remeto às referências, no final, para as principais fontes de informação. Algumas passagens deste ensaio, longe de constituírem propriamente uma novidade, soarão muito familiares a etnólogos americanistas.

Desde o início deste século XXI, vêm-se multiplicando as vozes índias em ambientes não nativos, inclusive nas academias. A todos e todas expresso meu reconhecimento e gratidão. À Fundação de Amparo à Pesquisa do Estado de São Paulo (Fapesp) sou grata por diversos financiamentos para pesquisas em bibliotecas, estadias em aldeias e participações em seminários, em que os temas aqui tratados puderam ser desenvolvidos ao longo dos anos. Tive a sorte de contar com muitos companheiros e conselheiros nos caminhos em busca de conhecer os modos nativos de compor com coletivos. Entre eles, agradeço a Spensy Kmitta Pimentel, cujas generosas leituras e sugestões foram fundamentais para chegar a esta versão de argumentos inicialmente expostos na forma de tese de livre-docência defendida em 2015 na Faculdade de Filosofia, Letras e Ciências Humanas da Universidade de São Paulo. E a Renato Sztutman e Jean Tible, também queridos amigos e companheiros de indagações que têm me estimulado a avançar.

A dívida de gratidão para com os índios, pela acolhida e pelos ensinamentos, como disse Claude Lévi-Strauss ao encerrar sua "Aula inaugural" no Collège de France — e como recordou mais recentemente Bruce Albert —, pode ser apenas honrada, jamais quitada. As lições que este livro procura expor, tal como as compreendo, são deles, povos nativos das Américas, cultivadores da generosidade, sempre dispostos a explicar aos brancos seus modos próprios de bem viver. Nas aldeias onde estive, por períodos mais ou menos longos, fui recebida por anfitriões generosos, atenciosos, bem-humorados, praticantes de diversos e sempre elaborados modos de hospitalidade e etiqueta assentados em princípios compartilhados. Em todas elas ouvi cantores e contadores de histórias; em algumas participei de festas, em outras, só de preparativos. Em todas, testemunhei batalhas cotidianas na guerra movida por brancos contra seus modos de bem viver, e a valentia bem-humorada com a qual têm conseguido esquivar reiterados ataques.

FILOSOFIA DA CHEFIA

ACHAR O CHEFE SEMPRE FOI a primeira preocupação de antropólogos em busca do que seria a política de povos não ocidentais. Representando o pressuposto da filosofia política "de cá", Lewis Henry Morgan, o primeiro americanista a atentar para o tema, em meados do século XIX, dizia que a relação entre "chefe e seguidor" é "a mais antiga e mais básica relação política entre dois homens". Diante da formulação androcêntrica, vale lembrar que, entre as várias batalhas movidas por Morgan, como cidadão, advogado e parlamentar, estava o voto feminino. Sua admiração pela organização política iroquesa devia-se em grande parte à plena e ativa participação das mulheres nos assuntos coletivos, "políticos". O fato de o Conselho dos Sachems iroqueses (de que voltarei a falar), como tantos outros conselhos índios, ser composto exclusivamente de homens remete a uma prevalência dos homens como porta-vozes, não a uma "não representatividade" feminina. Diógenes Egidio Cariaga, antropólogo kaiowá, registra um comentário feito por uma interlocutora, lembrando que nas rezas são as mulheres, posicionadas atrás dos homens, "que portam os artefatos principais" — ou seja, o fato de os homens ficarem na frente não significa que elas sejam menos importantes ou secundárias; o que as mulheres fazem é diferente do que fazem os homens, mas tem a mesma importância. Do mesmo modo, as mulheres krahô, em suas casas, não se sentem de modo algum excluídas quando os homens se reúnem na praça central da aldeia para conversar — momento em que nós vemos "política". Mulheres e homens são pensados como diferentes e igualmente importantes, exatamente porque a composição de suas diferenças é o que produz. "Não se trata do poder feminino ou do poder masculino, mas sim da relação entre eles [...] na potência em conjugar qualidades e capacidades entre homens e mulheres", esclarece Cariaga. Na relação entre mulheres e homens prevalece, como em tudo, uma "lógica dualista complementar não binária", como diz Burkhart.

As lideranças na América nativa foram e continuam sendo exercidas por homens e mulheres e são muito frequentemente assumidas por casais. Para mencionar apenas dois exemplos, entre os Araweté [Pará], cada aldeia reconhece um casal como "nossos líderes"; entre os Crow [Apsaalooke; Montana, Estados Unidos], casais são concebidos como unidades. Em muitos casos, os termos nativos emparelham chefes e suas esposas, chamadas de "chefas" em português. A tendência geral, com as lentes "de cá", é tomá-las por "mulheres de chefe", do tipo "consortes". Mas o papel das esposas de chefe está longe de ser coadjuvante. O "prestígio político não é masculino nem feminino, mas se efetua através da conjugalidade", como dito a respeito dos Kaiowá [Mato Grosso do Sul e Paraguai]. Parece normal que os povos nativos das Américas concebam também a chefia como assentada na relação entre diferenças — nesse caso, masculino/feminino. O tema tem recebido aportes importantes da reflexão de acadêmicos nativos, que alertam, entre outras coisas, para o fato de o que hoje muitas vezes se percebe como "tradição" de lideranças masculinas ser resultado de séculos de imposição colonial de princípios machistas em todos os planos da vida. James Sewid, chefe kwakiutl [Kwakwaka'wakw; Colúmbia Britânica, Canadá], conta que na Colúmbia Britânica o governo nomeava chefes para a interlocução que frequentemente não eram os porta-vozes reconhecidos pela comunidade, notadamente no caso de essas lideranças serem mulheres. Raoni

Metuktire comenta que, quando começou a ser preparado para a chefia, as mulheres também podiam ser chefes, mas hoje em dia isso "não existe mais". Falando em "falsificação retrospectiva", um estudioso nativo observa que "as mulheres indígenas sempre desempenharam um papel central nas comunidades nativas. As mulheres diné têm sido influentes e atuantes em todas as áreas, mas o colonialismo impactou [negativamente] seu papel na política". No mesmo sentido, observa outra *native scholar*: "Na sociedade tribal Miami [Indiana e Oklahoma, Estados Unidos], a liderança feminina era respeitada, como o era em muitas tribos. Mas décadas e séculos de ideias euro-americanas alteraram radicalmente essa tradição, conforme os colonos impunham práticas de dominação masculina às sociedades nativas americanas". No que segue, onde se lê "chefe", entenda-se a incumbência, não a pessoa incumbida.

Em 1962, Pierre Clastres publicou o primeiro de seus ensaios fulgurantes de ideias e desafios, intitulado "Troca e poder: filosofia da chefia índia"; o nome desta primeira parte é um modo de homenagem. O personagem central do artigo é o "chefe sem poder". Clastres parte da seguinte constatação: "os primeiros viajantes no Brasil e os etnógrafos que os sucederam chamaram reiteradamente a atenção para o fato de que a característica mais notável do chefe índio consiste em sua quase completa falta de autoridade". Entre suas fontes certamente estavam afirmações como as de José de Anchieta, que em 1554 queixava-se que os Tupi da costa do Brasil não estavam "sujeitos a nenhum rei ou chefe" e não obedeciam às ordens de ninguém — o que, aliás, embasaria sua defesa da conversão à força. Mas não se trata de uma característica de povos sul-americanos, base da reflexão de Clastres: chefes sem poder encontram-se em registros de norte a sul do continente, desde o início da invasão europeia da América. Robert Lowie, mestre americanista, foi o primeiro a chamar a atenção para a recorrência continental do chefe que não manda. "A característica mais notável do chefe", como diz Clastres, é de fato a ausência de poder, que desconcerta nossos pressupostos de que o poder seja inerente — necessário, até — às relações sociais e políticas.

Em meados do século XVIII, o jesuíta Charlevoix, missionário na Nova França (Canadá), escrevia a respeito dos Huron, povo do nordeste da América do Norte, uma passagem exemplar:

> À primeira vista, parece que não têm nenhuma forma de governo, que desconhecem leis e autoridades e que, vivendo na mais completa liberdade, deixam-se levar pelo acaso e pelos mais indomados caprichos; no entanto, eles gozam de quase todas as vantagens que uma autoridade bem regrada pode proporcionar às nações mais polidas. Eles, que nascem livres e independentes, abominam qualquer sinal de poder despótico, mas raramente se desviam de certos princípios e usos [...] que, de algum modo, substituem a autoridade instituída. Qualquer imposição os revolta, mas a razão basta para contê-los numa espécie de subordinação [...] voluntária [...]. Os chefes, em geral, não recebem grandes demonstrações de respeito e, se são obedecidos, é porque sabem até onde podem mandar. Na verdade, eles antes pedem ou propõem, não mandam, e nunca ultrapassam os limites do pouco de autoridade que têm.

Outro missionário jesuíta, no século anterior, já registrava: os "capitães" huron não têm "autoridade absoluta, embora gozem de algum respeito". À diferença de Anchieta, esses dois não demonstram nenhuma exasperação. Confirmando o que o primeiro dizia dos Tupi da costa brasileira, na mesma época Jean de Léry contava que, entre os grupos que conheceu na região da Baía de Guanabara, no contexto da França Antártica, não havia "reis nem príncipes", e "cada um era praticamente tão importante quanto todos os outros". Voltemos à América do Norte no século XVII, para reencontrar os Cree [vasto conjunto de povos que habitam a faixa norte do Canadá], que, conforme o jesuíta Paul Le Jeune, não só não reconheciam nenhuma autoridade como zombavam dos seus capitães e só os obedeciam se gostassem do que diziam. Um governador-geral francês informava, também no XVII, que os Galibi da região da Guiana "não têm soberanos, nem caciques, nem senhores, não reconhecem nenhuma superioridade entre eles".

Em todo o continente e desde os primeiros registros, os povos nativos das Américas são descritos como gente que abomina qualquer sinal de autoritarismo. Diz-se que os Crow consideravam o despotismo "repugnante", que os Cheyenne [hoje em Montana e Oklahoma, Estados Unidos] "detestavam qualquer pessoa que tentasse impor sua vontade sobre os outros", que os Iroqueses "encarariam qualquer ordem como um insulto", que os Cree "não se sujeitavam a ninguém, a não ser que quisessem", que os Piaroa [Colômbia] "têm aversão à tirania política". Hans Staden dizia dos Tupi da costa do Brasil que, embora todos obedecessem ao principal de sua cabana, não o faziam "à força ou por medo, porém de boa vontade"; diz-se dos chefes timbira [conjunto de povos que habitam atualmente o sul do Maranhão, leste do Pará e norte de Tocantins, em que se incluem os Krahô] que exerciam "pouco controle político e manifestavam um mínimo de assertividade individual".

Além de não mandarem em ninguém, todos esses chefes — ou caciques, principais, capitães —, ao longo dos séculos e por todo o continente, trabalham mais do que os outros, devem ir à frente e dar exemplo: "Quando faz [roças] com a ajuda de seus parentes e chegados, ele [principal dos Tupi da Bahia] lança primeiro mão do serviço que todos", notava Soares de Souza no final do século XVI; o chefe boe [Bororo; Mato Grosso], do mesmo modo, trabalha mais do que seus liderados e nada recebe a mais por isso.

Os exemplos mencionados correspondem à classificação de "tribos igualitárias" em que Clastres pensava, excluindo de sua proposta as sociedades americanas percebidas como "estratificadas": "a ausência de estratificação social e de autoridade do poder são os traços que devemos considerar como mais pertinentes da organização política da maioria das sociedades indígenas", dizia. No entanto, as mesmas características do chefe sem poder são registradas em sociedades ditas estratificadas. No Chaco, por exemplo, segundo relato de meados do século XIX, os caciques não exigiam "tributo, respeito, serviço ou subordinação e se [viam] obrigados a fazer como todos os demais para viver [...] não diferiam dos demais índios na moradia, no modo de se vestir ou por insígnia", da mesma maneira que os *kurakas*, "líderes étnicos" nos Andes incaicos, e os vários "chefes" dos Ramko'kamekra [povo timbira] no Cerrado brasileiro na primeira metade do século XX. Clastres mantém um modelo de separação entre sociedades mais ou menos "hierarquizadas", de fundo evolutivo, que vai logicamente de bandos igualitários a impérios, passando por casos intermediários, como os povos do

Chaco, da Colúmbia Britânica e do Alto Xingu, onde estudiosos detectam a existência de aristocracias, mas não centralização política. Morgan argumentava, num notável artigo de 1876, que a aplicação automática e impensada de classificações de nossa tradição política (império, rei, aristocracia etc.) gera ilusões, impede de compreender os sistemas de governo dos povos das Américas e os separa indevidamente. De fato, tanto na Colúmbia Britânica como no Alto Xingu, chefes ditos aristocratas são descritos em termos idênticos aos de chefes de "bandos igualitários": não mandam, trabalham muito, devem ser pessoas exemplares, precisam dar o que têm.

Um manual dedicado a "sistemas tribais de governo" nas Américas do final da década de 1980 resumia: "os líderes indígenas não tinham poder para ditar ou garantir a obediência a suas decisões. Seu governo dependia de seu comportamento, de seus poderes de persuasão e do respeito de que gozavam". A afirmação permanece válida, não há por que falar no passado. No final do século XX, na América do Norte, numerosos acadêmicos nativos e dezenas de páginas de nações índias na internet descreviam chefes respeitados que não mandavam. No século XXI, entre os Aymara andinos, a organização dos movimentos sociais de insurreição reafirmava a fórmula de Clastres: "a separação entre chefia e poder é nitidamente visível". Tais "modos de governo" persistem através de todas as transformações resultantes de novos contextos, marcados pela intrusão dos brancos e de seus governos. Na América do Norte, onde vários ajustes foram feitos por imposição de administrações federais (assim como em todo o continente), lideranças e organizações tribais têm defendido a recuperação e a reativação, em suas constituições próprias, de valores nativos de governo — esses mesmos de que falamos aqui, relegados ao passado pelo manual.

"Respeito" é uma palavra-chave. Quando se fala de relações com lideranças, a palavra sempre está presente em traduções nativas para o português; é também o que frequentemente se declara ter por "velhos" e "velhas", sabedores de tantas coisas, as quais distribuem com generosidade. Respeito pelos diversos seres do mundo, em qualquer situação (respeito não é harmonia, vale lembrar). Respeito é o que se tem reivindicado dos brancos. Eis outra daquelas palavras cujo sentido varia segundo quem a usa e conforme o contexto. Quando se afirma que não havia demonstrações de respeito para com os chefes entre os povos do nordeste da América do Norte no século XVIII, ou que os povos do Chaco no século XIX não manifestavam respeito por seus "nobres", o termo é empregado como sinônimo de submissão e obediência — sentidos esses ausentes na ideia de respeito que se pode perceber na ética social de povos nativos das Américas. Lideranças são sempre respeitadas, ou não poderão liderar; não poderão dar ordens, nem esperar submissão.

Outra palavra que se destaca é "prestígio". Sempre presente nas análises dos modos de governo dos índios, essa categoria tem dado o que pensar a americanistas. Já nas descrições da Liga dos Iroqueses registradas por Morgan aparece a dupla "prestígio" e "poder", cuja separação Clastres ressalta como característica da filosofia da chefia índia. Em lugar do poder que não têm, chefes nativos americanos têm prestígio, diz-se. Muitas análises têm-se dedicado a entender em que consiste esse "prestígio", e muitas falam em capital simbólico, controle de recursos ou de mão de obra — como se não pudéssemos nem mesmo imaginar política sem poder, ou prestígio sem fortuna. Marshall Sahlins mostra como se constrói entre nós a suposição da necessidade de haver poder para haver vida social e política e fala do "persistente pesadelo ocidental da anarquia natural cuja solução política seria uma autoridade soberana". É com essa ideia que dialoga o primeiro movimento da reflexão de Charlevoix citada anteriormente: todos contribuem para uma vida "regrada" e "polida", na ausência de qualquer autoridade, o que para nós é digno de nota e faz refletir.

A primeira obra dedicada à descrição de um povo nativo das Américas foi escrita por Morgan e publicada em 1851. Descreve com riqueza de detalhes a constituição e o modo de funcionamento do chamado Conselho dos Sachems, que reunia cinco (depois seis) nações confederadas na Liga dos Iroqueses, cuja presença e atuação foram determinantes na história da colonização do nordeste norte-americano nos séculos XVII e XVIII. Morgan é taxativo ao afirmar que a confederação iroquesa não possuía chefe supremo e que nenhuma espécie de autoridade correspondia ao prestígio dos postos de sachem que compunham o Conselho da Liga: "Se buscarmos na etimologia da palavra 'sachem' algum fundamento para o exercício do poder", notava ele, "encontraremos antes uma redução do que um incremento de autoridade, pois significa simplesmente 'conselheiro do povo'".

Conselhos são registrados em toda a América — nas Grandes Planícies e no sudoeste da América do Norte, na Amazônia, no Chaco, nos Andes, em Yucatán, no Brasil Central. Os registros dão a ver nesses conselhos algo que se poderia chamar de "equivalência na diferença". Cada posição, cada ocupante de uma posição, tem seu lugar, sua hora e sua especialidade nas atividades conjuntas. Há sempre alguém que começa (fala primeiro, entra primeiro, senta-se primeiro), mas sua importância relativa não é maior: em lugar da hierarquia vertical que conhecemos, há uma sequência horizontal. Em todos os casos, uma elaborada etiqueta determina onde cada um se senta, a sucessão das falas e suas convenções. Os membros do conselho não falam como indivíduos, mas como pessoas coletivas — porta-vozes de muitas vozes, ocupantes de lugares cuja história, iniciada no tempo dos antigos, feita de sequências de antecessores, é em vários casos contada/cantada nos encontros dos conselhos.

Morgan fala em "autoridade legislativa" e "tomada de decisões" por parte do Conselho dos Sachems, mas a riqueza de sua descrição evidencia a distância entre esse conselho e uma assembleia legislativa ocidental, ao registrar, por exemplo, a participação de todos nas decisões coletivas da Liga:

> Como os sachems de cada nação eram perfeitamente iguais em autoridade e privilégios, seu grau de influência era inteiramente determinado por talentos e habilidades individuais. Nos conselhos da nação [...] eram negociados todos os assuntos de interesse nacional; e, embora as questões em pauta em cada ocasião fossem finalmente decididas pelas opiniões dos sachems, era próprio do sistema iroquês de governo que a influência de chefes menores, guerreiros e mulheres se fizesse sentir sempre que o assunto fosse de interesse geral [...]. Fica evidente que os sachems não estavam situados acima do povo como governantes arbitrários, para legislar como bem entendessem, independentemente da opinião popular; pelo contrário, temos motivos para crer que esta se manifestava em questões de interesse geral, que nenhum conselho se sentia livre para descon-

> siderar. Adiando qualquer atitude até os sachems se reunirem, diante de grupos de chefes menores e guerreiros, o tempo das decisões dava ao povo a oportunidade de refletir e de tomar as providências necessárias para fazer com que suas opiniões fossem ouvidas. Quando o grupo de guerreiros se interessava pela questão em pauta, reunia-se à parte e, depois de cuidadosa consideração da matéria, indicava um orador para comunicar seus pontos de vista aos sachems [...]. Do mesmo modo agiam os chefes e as mulheres, quando tinham opiniões que queriam ver consideradas pelo conselho. A transparência com que eram conduzidos os assuntos da Liga e os mecanismos que permitiam a participação indireta do povo indicam o espírito democrático de seu governo.

Leon Shenandoah, sachem contemporâneo, confirma: "Eu mesmo não tenho poder de fato; quem tem o poder é o povo atrás de mim". A Liga dos Iroqueses é amplamente reconhecida, por brancos e índios, como modelo e inspiração da democracia norte-americana — o que não as impede de diferir radicalmente. Ao ser moldada pela filosofia política "de cá", a inspiração iroquesa perdeu características centrais, a começar pelas decisões por consenso. Voltaremos a isso mais adiante.

Tanto Lowie como Clastres — bem como viajantes de séculos anteriores e outros etnólogos — assinalam a existência de chefes que, em determinadas ocasiões, gozariam de um certo poder de mando. Lowie os chama de "chefes fortes", distinguindo-os dos chefes com poder "limitado ou irrisório", que chama de "chefes titulares" (no sentido de que, de chefes, têm apenas o título). Ambos os autores consideram este último como tipo característico dos povos nativos das Américas.

A guerra se destaca como ocasião em que surgiriam chefias "fortes". A respeito dos Tupi da costa brasileira, no século XVI, dizia Soares de Souza: "Em cada aldeia [...] há um principal, a que seguem somente na guerra, em que lhe dão alguma obediência, que nos tempos de paz cada um faz o que o obriga seu apetite". Entre os Galibi das Guianas, no século XVIII, fala-se em "alguma subordinação nos comandos de guerra, para o que elegem um general que determina o momento e o local do encontro, a ordem de marcha, os ataques e combates; depois disso, não tem autoridade". Nota-se que ambos falam em "alguma" subordinação ou obediência — e Soares de Souza acrescenta que seguem as instruções de seus comandantes de guerra por respeito a seus feitos e experiência. Lowie e Clastres são menos comedidos: o primeiro falava em chefes que podiam tornar-se "virtuais autocratas" na liderança de ataques de guerra, e Clastres ressaltava o "considerável poder, às vezes até absoluto", dos chefes de expedições guerreiras, que desaparecia com a volta da paz, quando "recaíam na costumeira impotência".

Mas o próprio Lowie conta a história do chefe crow One-Eye, que é uma clara demonstração de que mesmo um chefe de guerra está longe de poder "proclamar decretos arbitrários". A história começa com One-Eye perguntando a seus possíveis seguidores se querem segui-lo. "Após refletirem", os consultados declaram: "Agora vamos decidir; você é o nosso chefe e vamos fazer exatamente o que você disser. [Ao que o chefe replica:] Bem, rapazes, vocês me pediram para fazer o que eu achar melhor. Antes eu tinha pedido a vocês que fizessem o que *vocês* quisessem, mas vocês declinaram. Agora, se eu fizer como quero, não critiquem". Em modo de "contrato social", é uma decisão consensual — não majoritária — que transfere para um líder, num contexto específico, as escolhas de um grupo que irá segui-lo. Clastres concluía que "o modelo do poder coercitivo só é aceito em ocasiões excepcionais". Mas ele mesmo reconheceria mais tarde que,

> contrariamente a uma opinião tão falsa quanto difundida (o chefe não disporia de nenhum poder, salvo em tempo de guerra), o líder guerreiro, em nenhum momento da expedição (preparação, batalha, retirada), tem condições — caso seja essa sua intenção — de impor sua vontade, de intimar uma ordem à qual ele sabe de antemão que ninguém obedecerá. Em outras palavras, a guerra, como a paz, não permite ao chefe bancar o chefe.

Que em nenhum caso se trata de poder de mando confirmam tanto as informações de Félix de Azara, falando dos "nobres" chefes chaquenhos em meados do século XIX, quanto as de Raúl Zibechi a respeito das insurreições aymara no século XXI: "Nesses movimentos, não há quem dê ordens e quem as execute, nem quem pense e quem faça, já que o coletivo em reunião cumpre todas essas funções; o chefe não tem poder". Nenhum chefe pode bancar o chefe.

A guerra não é a única "ocasião excepcional" em que chefes parecem ter alguma "autoridade". Lowie registrou entre os Crow o acatamento de instruções de lideranças "em ocasiões específicas, como caçadas coletivas e grandes cerimônias festivas". Também sobre os Timbira lê-se que apenas lideranças cerimoniais podiam dar ordens, e em certos contextos. Em toda a América, pessoas são seguidas, e suas indicações, acatadas, como líderes de movimentos coletivos: na guerra, na caça, na roça, em festas e expedições, em mudanças de aldeia e mutirões, na produção de adornos e de comida. Nenhuma dessas pessoas ordena, todas elas propõem, são respeitadas e, por isso, seguidas, pela confiança depositada em suas capacidades e experiência. Digno de nota também é o fato de toda autoridade ser relativa a um contexto específico e a ele limitada.

Aqui falo de chefes, posição privilegiada pelos observadores ao se indagarem sobre políticas nativas em tempos passados e presentes. Mas os povos das Américas costumam ter séries variadas de pessoas eminentes; chefes de aldeia e chefes de guerra são distinções, cargos, entre outros, de liderança. Todas essas posições dependem de qualidades pessoais e são assumidas por mérito. Mesmo quando a chefia é concebida como algo que se herda, descendentes de chefes precisam comprovar suas capacidades para assumi-la. Várias análises têm destacado o pouco efeito da descendência sobre a escolha de novos chefes, mesmo nas sociedades em que se expressa a preferência por filhos e netos de chefes para o cargo. Futuros chefes são sempre formados para isso: entre os Yaminawá [Acre, Peru e Bolívia], as etnografias registram que, para ocupar o lugar de líder, é necessário "todo um processo de aprendizagem". Raoni Metuktire conta como foi preparado para a chefia. Processos de formação de chefes são minuciosamente registrados por estudiosos em várias regiões da América. Em todos os casos, os futuros possíveis "chefes" são criados, desde pequenos, para desenvolver as qualidades exigidas, o que inclui a formação de um "corpo" adequado ao cargo (as aspas indicam que essa é outra palavra cujo significado é diferente quando se fala a respeito de povos nativos; trata-se de um campo de conhecimento que tem sido objeto de muitos estudos). De modo geral, aplica-se o que se diz dos Cheyenne, entre os quais o cargo não é hereditário: "É comum um chefe escolher o próprio filho para sucedê-lo — se o filho tiver as qualificações para a chefia".

Lowie lista as qualidades exigidas de um chefe "aborígene americano": devia ser "fundamentalmente um pacificador", "um modelo de generosidade", e possuir o "dom da oratória". Clastres retoma a lista. Lévi-Strauss, por sua vez, assinala "iniciativa" e "generosidade" como traços exigidos dos chefes nambikwara [Mamaindé; Mato Grosso] e parece ter percebido o fundamental. Voltaremos, a seguir, a essas qualidades exigidas de quem se dispõe a tornar-se e permanecer chefe. O fato relevante é que lideranças indígenas, entre as quais as que reconhecemos como "chefes", de quem se exige muitas qualidades e muito trabalho, não mandam, não retiram do cargo nenhuma espécie de "proveito" nos moldes que reconhecemos e sempre correm o risco de ser substituídos ou simplesmente abandonados. "Se for incapaz, deixam-no e escolhem outro", diz-se das práticas dos povos do Chaco, compartilhadas pelos demais povos do continente. Clastres evoca a imagem de um chefe que certo dia acordaria numa aldeia vazia: durante a noite, todos os aldeões descontentes com ele o tinham abandonado. É bastante comum que grandes grupos, discordando do chefe, deixem uma aldeia para mudar-se para outra ou fundar uma nova; o processo é conhecido entre os especialistas como fissão — de aldeias, de grupos — e depende, evidentemente, de poderem fazê-lo, o que não é o caso de numerosos povos nativos americanos confinados em reservas exíguas.

Se um "cacique" do Chaco repreendesse alguém (bancando o chefe), seria surrado e insultado; os chefes sliammon [Salish; Colúmbia Britânica, Canadá] deviam ser capazes de suportar qualquer insulto ou maledicência sem revidar ou se afetar. De chefes, os povos nativos da América sempre esperam que sejam modelos de boa pessoa em todos os sentidos. Cariaga fala, a respeito da filosofia política kaiowá, em "prestígio e moralidade", apontando para essa correlação necessária.

Diante desse quadro, Clastres indaga quanto à "estranha persistência de um 'poder' quase impotente, de uma chefia sem autoridade, de uma função que funciona no vácuo" e se pergunta o que levaria alguém a querer ser chefe — dúvida que muitos registros alimentam e raramente comentam. Curt Nimuendajú observou entre os Timbira quase nenhum "interesse pelo poder no que diz respeito à chefia, nenhum grande desejo pelo cargo", nem "soube de jovens que sonhassem em se tornar grandes chefes"; entre os Cheyenne, os qualificados para a chefia não competiam pelo cargo; entre os Zuni [Novo México, Estados Unidos], relata-se que os postos cerimoniais de maior responsabilidade eram dificilmente ocupados, dadas as pesadas obrigações que envolviam. Bernardino de Sahagún dizia, no século XVI, que os Mexica [no planalto central mexicano] chegavam a fugir, temendo a indicação para cargos de grande responsabilidade; conta ainda que, na Mesoamérica, quem demonstrasse ambicionar algum cargo perderia qualquer direito a ele, o que faz pensar nas informações de que o "rei" do Michoacán [sudoeste do México] sempre resistia a ser nomeado. Já entre os Cheyenne, recusar uma nomeação dava azar. Tudo isso desloca a dúvida colocada por Clastres.

O chefe é responsável pelo bem-estar do grupo. Entre os Yudjá [Mato Grosso], por exemplo, considera-se que o chefe será responsável por "qualquer acidente que porventura prejudique alguém durante a existência do grupo".

Ser chefe "é muito difícil, dá muito trabalho, e eu tenho medo", disse um filho de chefe kalapalo; entre os Kalapalo [Parque Indígena do Xingu, Mato Grosso], como em tantos outros casos, além de tudo o cargo aumenta o risco de ser vitimado pela feitiçaria, e por isso há filhos de chefes que se recusam a assumir o lugar dos pais. Sobre os Eyiguayegui do Chaco, diz-se que a chefia é "mais encargo do que honraria" e costuma trazer "mais perigo do que proveito"; entre os Sliammon, do mesmo modo, ser chefe "podia ser um trabalho ingrato", e "os líderes eram constantemente observados e julgados por seus atos e pelo bem que faziam ao povo"; os Cheyenne consideravam a chefia como uma séria responsabilidade, e não uma posição política invejável. Um velho chefe cree advertia o filho recém-escolhido: "Não cometa o erro de achar que isso é um símbolo de status... É o seu trabalho" — trabalho duro, como comprovaria o filho. O jovem, de 23 anos, era Billy Diamond, chefe dos Waskaganish Eeyoud, que teve um papel central nas históricas negociações relativas a um grande projeto hidrelétrico no norte da província de Québec, no Canadá, na década de 1970, cujo desfecho foi favorável às reivindicações dos povos nativos. Billy Diamond seria o primeiro Grande Chefe do Grande Conselho dos Cree (*Eeyou Istchee*), constituído em 1974.

Ocorre frequentemente de aqueles aos quais chamamos "chefes" serem referidos como "nossa liderança" — tradução precisa, na medida em que não evoca uma hierarquia vertical em que um "capo", provido de autoridade, seria o topo, mas um movimento horizontal em que chefe é quem vai na frente: chefe é aquele que inicia um movimento, movimento esse que simultaneamente constitui o grupo e constitui essa pessoa como chefe. A "superioridade" do "capitão" "era andar na frente, na guerra", explicou um Tupi da costa do Brasil a Montaigne. Entre os Yudjá, é o *iwa* [chefe] que faz o grupo, que é seu "puxador"; cabe a ele "ser o primeiro: ir à frente, dar início às atividades, declarar ao fim sua realização". Entre os Kaxinawá [Acre], "cumpre ao chefe 'pensar primeiro, por todos' [...]; no retorno das caçadas coletivas, é ele quem vai à frente". A respeito do líder araweté [Pará], Viveiros de Castro esclarece:

> *Tenetãmõ* significa "em primeiro lugar", "o que segue à frente", "o que começa". Essa palavra designa o termo inicial de uma série qualquer, possuindo conotação espacial e temporal: o primogênito de um grupo de irmãos, o pai em relação ao filho, o homem que encabeça uma fila indiana na mata, a família que primeiro sai da aldeia para excursionar nas chuvas. Toda e qualquer empresa coletiva araweté supõe um *tenetãmõ:* [...] caçadas coletivas, cerimoniais ou não; a colheita e processamento do milho, açaí etc. para as festas de *peyo*; a escolha do sítio de roças plurifamiliares e o lugar de aldeias novas; uma dança, uma expedição guerreira [...]. Um *tenetãmõ* é alguém que decide quando e onde se vai fazer algo e o que sai na frente para fazê-lo [...]. O líder araweté, assim, é o que começa, não o que ordena; é o que segue à frente.

Vemos aqui a fila índia (incorretamente chamada de fila indiana devido à indistinção linguística entre índios e indianos nas línguas de colonizadores, à exceção do português), figura essencial de movimentos coletivos nativos. O sentido de "ir na frente" e dar início a uma ação se encontra na raiz das palavras que designam líderes em várias línguas indígenas americanas. Líder é aquele que conduz um grupo a novos lugares, novas roças e novas aldeias — que por vezes terão seu nome. Para os Bororo, a palavra "chefe" traduz-se como "aquele que faz construir a aldeia"; entre os Wayana [Pará, Guiana Francesa, Suriname], o chefe de aldeia é aquele que "encontrou o lugar e mobilizou o grupo para limpar a área e nela se instalar; o termo [para chefe de aldeia] significa literalmente 'o fundador', o que está na origem [a raiz de que algo brotou]".

Já Lowie notava a importância do "talento organizacional" do chefe, ainda que este não figurasse em sua lista das principais qualidades exigidas para o cargo. "Saber organizar o pessoal" — foi o que respondeu Merekuku Aparai quando, falando de sucessão na aldeia, perguntei qual seria a capacidade mais importante na escolha de um cacique. Como mencionado, mestre Lévi-Strauss assinalava a iniciativa como principal requisito de um chefe nambikwara e, em mais uma passagem genial, pontuava uma das principais questões de nossa filosofia política:

> A palavra nambikwara para chefe parece significar 'o que une' ou 'o que reúne'. Essa etimologia sugere que o pensamento nativo tem plena consciência do fenômeno extremamente importante [...] de que o líder se apresenta antes como a causa da vontade do grupo de se reunir do que como resultado da necessidade, sentida por um grupo já constituído, de uma autoridade central.

Os Kisêdjê [Parque Indígena do Xingu, Mato Grosso] falam em dois deveres essenciais de um líder: coordenar o esforço grupal é um deles; o outro é resolver disputas ("pacificar", diria Lowie) "através da oratória", como se lê em análises de especialistas — indígenas falam frequentemente em "conversa". "Conversa de chefe" é, por exemplo, a tradução de um dos estilos de "fala cantada" dos chefes kuikuro [Parque Indígena do Xingu, Mato Grosso]. Um dos fundadores da Liga dos Iroqueses conhecido como "grande pacificador" aconselhou as várias nações a se aliarem, como consta que fizeram também os primeiros incas. Uma vez reunido o grupo, é preciso mantê-lo unido e feliz. Os Kalapalo [Parque Indígena do Xingu, Mato Grosso] afirmam que, para as pessoas se manterem juntas numa aldeia, é preciso que um chefe cuide delas, e que grandes chefes são aqueles que conseguem evitar que as pessoas deixem as aldeias sob sua responsabilidade; correlativamente, os Huni Kuin [Kaxinawá; Acre, Peru] consideram a dispersão das pessoas como sinal do fracasso de um chefe.

Chefes são chamados nos casos mais variados de desentendimentos que se quer resolver amigavelmente, e nesses contextos precisam mostrar-se mestres da palavra e pessoas cheias de conhecimento, aconselhadores que transmitem ensinamentos, acalmam, escutam. "Conselho" é uma palavra/conceito central nas artes índias de fazer e desfazer coletivos, e "aconselhar" é um verbo fundamental na filosofia política dos povos nativos das Américas. Traduz muitas vezes em português aquilo que "chefes" devem saber fazer e são constantemente chamados a fazer. É assim que os Kaiowá se referem ao que fazem seus *mburuvicha* quando são acionados para dissolver desentendimentos e alvoroços; nesse papel fundamental, devem saber falar com "firmeza e tato". Tato e humildade são exigidos, no mesmo sentido, dos líderes sliammon em suas relações com os membros do grupo. Palavra verdadeira, para os Kalapalo, é qualquer fala boa, bonita, calma, apaziguadora ou incentivadora — a que se espera de chefes, pessoas que, por definição, precisam ter sido preparadas para possuir comportamento e capacidade oratória excelentes, capazes de orientar seu povo com uma "fala tranquila e humilde, sem nunca dar ordens ou deixar transparecer raiva". Chefes "acalmam" com suas palavras e gestos, mas a própria função pode "acalmar": "Os Kalapalo consideram que realizar rituais para seus chefes é uma forma de "deixá-los calmos, [...] fazer com que seu jeito se torne bom/bonito". Entre os Aweti [Alto Xingu, Mato Grosso], do mesmo modo, para "acalmar" homens muito agressivos, trata-se de transformá-los em chefes. Do ponto de vista aweti e kalapalo, é assim que transformam seus chefes em "gente de verdade", pessoas exemplares. Notam-se aí conexões entre qualidades pessoais e cargos específicos que mais uma vez exibem pressupostos de formação e transformação: as qualidades exigidas podem ou não ser tendências ou capacidades das pessoas; em todos os casos, terão de ser desenvolvidas, cultivadas. Como também é recorrente, transformações afetam grupos, não indivíduos.

Além da fala acolhedora, sábia e conciliadora, chefes devem também ser mestres da palavra em uma grande variedade de estilos codificados, diálogos, narrativas, discursos. Os indígenas americanos, observava Morgan, são grandes apreciadores da eloquência e, "entre os iroqueses, como entre os romanos, as duas profissões, oratória e armas, podiam alçar um homem ao mais alto grau de distinção pessoal". Entre os Diné, "a habilidade de falar era um elemento-chave das qualidades de um homem ou mulher como líder". O "dom da oratória" merece de fato estar na lista das qualidades requeridas de um chefe, contanto que se dê à palavra "oratória" um sentido de "artes da palavra" que não se restrinja aos gêneros em que reconhecemos "falas políticas", para incluir, por exemplo, o aconselhamento discreto e privado.

As reflexões de Clastres a respeito dessa exigência de competência oratória mantêm a tendência de considerar, sobretudo discursos chamados formais, "falas de chefe", por uma perspectiva romana, poderíamos dizer. Mas ressaltam as diferenças, e Clastres pode falar em "palavra vazia", observando que, em lugar de falas marcadas pela autoridade e pelo poder decisório, o que se via eram seguidores que simplesmente não pareciam prestar a menor atenção aos discursos de chefe. Clastres propunha que, sendo tais discursos feitos por chefes que não mandam, sua razão de ser era "expressar a tradição" e, por isso, eles deviam ser repetidos, mas não precisavam ser ouvidos. "Falas de chefe" comumente expressam e transmitem conhecimentos e tradições, com muita frequência exortam a cultivar atitudes que garantem o bem viver da comunidade. Podem também tratar de assuntos cotidianos, de acontecimentos recentes e de atividades coletivas. Quando um chefe convida para uma determinada ação e puxa um movimento, os assuntos terão sido previamente conversados e combinados, o que ajudaria a entender a aparente desatenção. O chefe não manda nem fala "por" seus seguidores, em lugar deles (porque ninguém pode falar por outrem); é nessas ocasiões encarregado de expressar as decisões do grupo — pois é o grupo que manda, como disse o sachem citado anteriormente. Sua fala, nesses casos, não é novidade, mas nem por isso é vazia. Além disso, se interpretamos como desinteresse ou desatenção certas atitudes de ouvintes nativos, sem estudos aprofundados não há como afirmar que seja realmente esse o caso. Em vários aspectos, essas falas elaboradas e belas esperadas de chefes se assemelham a falas de anfitrião, e parte considerável delas é feita quando o chefe está precisamente na posição de anfitrião, recebendo em nome de seu grupo convidados de fora.

Para cuidar dos seus, a pessoa-liderança precisa também ser capaz de falar duro com quem possa ou queira prejudicá-los. Avesso complementar do aconselhamento, essa fala é agressiva e tem sido cada vez mais necessária num contexto de guerra continuada em que as palavras são as bordunas. Os Kayapó do Brasil Central falam em "guerra de palavras"; Davi Kopenawa, em "guerra de boca"; os Wajãpi do Amapá, em "falas duras"; estudantes guajajara do Maranhão dizem que canetas são suas bordunas. A qualidade de guerreiro, que aparece às vezes listada como desejável num chefe, estaria assim sempre implícita. Voltarei mais adiante a essas falas de festa (composição) e falas de guerra (oposição), ligadas ao par função anfitrião/guerreiro que proponho vermos operando em todas as lideranças indígenas.

Modelos de pessoa, como mencionado, "os líderes deviam ser dignos, tolerantes, generosos e modestos". Fala-se aqui dos Sliammon, mas valeria para todos. A generosidade, segunda qualidade listada por Lowie e Clastres, não é certamente secundária. Talvez devesse ser o primeiro critério: para ser chefe, é preciso prodigar bem-estar, conhecimentos, talentos e acolhimento, manter as pessoas felizes. A exigência reforça a expectativa de que lideranças sejam modelos de pessoa: também desde cedo e em toda a América notou-se que os índios prezam a generosidade acima de qualquer outra qualidade, em oposição à avareza, correlativamente o maior defeito moral concebível.

Nesse ponto, a relação entre chefes índios e os seus parece inverter todas as noções "de cá" de chefia. Como observava Clastres, "a generosidade parece ser mais vivida pelos índios como uma espécie de direito a submetê-los a uma pilhagem permanente. Se o pobre líder tentar frear o escoamento de presentes, qualquer poder e prestígio lhe serão imediatamente negados". A generosidade é tão fundamental que aquilo que aparece como "propriedade" de "nobres" na Colúmbia Britânica se realiza não como acesso exclusivo, mas como permissão de uso aos demais, como faz notar o etnógrafo Philip Drucker:

> A "propriedade" [de recursos econômicos importantes] se expressava em "dar permissão", como costumam dizer os nativos, a outros para explorar o local em cada estação. [...] Ouvi repetidas declarações de informantes, desde o noroeste da Califórnia até o país dos Tlingit [encostado no Alasca, ao norte, a uns dois mil quilômetros em linha reta do norte da Califórnia], de que determinado homem "era dono" de um local específico, de pesca, por exemplo, e que sua permissão era indispensável para outros membros de sua sociedade poderem usá-lo. Nunca ouvi falar de algum "proprietário" que tivesse se recusado a dar a necessária permissão. Isso seria inconcebível para os nativos.

De modo recorrente, quando falamos em privilégio, prerrogativa e propriedade a respeito de povos nativos da América, o que registramos são pessoas depositárias de conhecimentos e bens (para usar categorias nossas) que só os têm para dá-los. James Sewid, chefe kwakiutl, comenta a dupla obrigação de aceitar o "direito" a determinadas danças e de apresentá-las. A generosidade como valor supremo da vida coletiva nativa também se manifesta na inexistência de acumulação, bem como de pessoas desprovidas. A visão de pessoas miseráveis em nossas cidades, quando outras possuem tanto, é algo que tem impressionado negativamente nativos americanos ao longo dos séculos; foi a segunda coisa mencionada pelos Tupi a quem Montaigne perguntou o que tinham achado de mais notável na terra de seus aliados franceses: espantava-os tanto o fato de a "metade" rica deixar isso acontecer quanto o fato de a "metade" pobre não se revoltar.

Modelos de pessoa, pois, lideranças são generosas por definição. Entre os Cheyenne, o cargo de chefe não trazia "nenhuma vantagem econômica; muito pelo contrário, ser chefe significava esgotar os próprios recursos". O chamado *potlatch*, condição de confirmar uma "posição social" na Colúmbia Britânica, é uma festa de "distribuição de riquezas": só podem ser chefes os que dão, e é preciso fazer distribuições recorrentes, sob risco de perder a posição. Sewid comenta o quanto sua família o educou e treinou para dar, "porque não seria direito se eu não fizesse isso", e confirma: "uma pessoa não podia assumir nenhuma posição social sem uma distribuição de riquezas". Numa narrativa boe, dois chefes se transformam em "heróis culturais" e só voltam a visitar sua gente para distribuir os adornos e instrumentos que inventaram e fabricaram enquanto estiveram longe. Lévi-Strauss, que reconta essa história, comenta o que lhe parece ser um "episódio enigmático" no final da narrativa: quem trouxe poucos enfeites é morto, quem trouxe muitos, não. O enigma parece dissipar-se quando se leva em conta o valor da generosidade. Nos grandes encontros, chefes iroqueses se revezam nos intervalos de danças e canções, fazendo pequenas falas e dando presentes aos dançarinos, às mulheres que se encarregaram da comida, aos tocadores de tambor etc.: "A única condição para ter o direito de fazer uma fala era encerrá-la com um presente [à] pessoa a quem se dirigisse", conta Morgan. Generosidade e oratória, bases da posição social eminente, estão imbricadas — a oratória em si é dádiva de palavras. Chefes sovinas, como chefes mandões, são inaceitáveis. "Nossos verdadeiros chefes [tradicionais]", resume um líder lakota, "eram generosos com seu tempo e com seus bens".

Da obrigação de distribuir generosamente, dando tudo o que lhe for pedido, resulta que o chefe é o que usa "os ornamentos mais pobres", como notava Clastres. Lévi-Strauss registra, nas *Mitológicas*, uma história contada por povos de língua aruaque da região das Guianas:

> Os humanos e os pássaros se aliaram para destruir a enorme sucuri que atacava todos os seres vivos. Mas todos os combatentes, amedrontados, alegavam que não podiam lutar porque só sabiam fazê-lo em terra firme. O biguá finalmente teve a coragem de entrar na água e feriu de morte o monstro, que ficava nas profundezas, enrolado nas raízes submersas de uma árvore imensa. Lançando gritos terríveis, os homens conseguiram tirar a cobra da água, mataram-na e esfolaram-na. O biguá pediu a pele como prêmio por sua vitória. Os chefes índios, em tom de ironia (certos de que ele não conseguiria carregá-la sozinho), disseram: "Mas, claro! Pode levar!" — "É para já!", respondeu o biguá, fazendo sinal para os outros pássaros. Cada um deles pegou um pedaço da pele com o bico e, juntos, levantaram voo com ela. Envergonhados e enfurecidos, os humanos se tornaram inimigos dos pássaros desde então.
>
> Os pássaros pousaram num local distante para dividir a pele. Concordaram que cada um ficaria com

> o pedaço que trouxera em seu bico. A pele tinha cores maravilhosas: vermelho, amarelo, verde, preto e branco; e era coberta dos mais lindos desenhos jamais vistos. Assim que cada pássaro pegou o pedaço que lhe cabia, ocorreu o milagre: até então, nenhum deles tinha cor alguma e, de repente, ficaram brancos, amarelos, verdes... Os papagaios se cobriram de verde e vermelho, as araras de cores nunca antes vistas: rosa, púrpura, dourado. Para o biguá, que tinha feito tudo, sobrou apenas a cabeça, que era preta. Mas ele se declarou satisfeito.

Esse biguá é um chefe: vai à frente na ação de ataque a uma sucuri inimiga de todos os seres vivos, depois congrega outros pássaros e distribui entre eles todas as cores da pele da sucuri. Para ele, só sobra o preto, ou seja, o "ornamento mais pobre", mas ele se declara satisfeito. As grandes festas, tanto na Colúmbia Britânica como no Alto Xingu, costumam arruinar quem as oferece. No momento da realização da festa na aldeia bona, mencionada no início deste livro, entre todos os participantes, o dono da festa e sua esposa, como comentei, eram os únicos que não usavam tecidos novos e tinham inclusive retirado do próprio acervo familiar de miçangas para garantir a boa distribuição, a beleza e a satisfação de todos. Como o biguá, o dono da festa disse que estava bem assim.

A Associação Nativa de Aconselhamento Educacional de Ontário (Oneca), no Canadá, resume a filosofia da liderança índia em termos recorrentemente registrados em tempos e lugares afastados na América nativa:

> A responsabilidade de líderes indígenas é cuidar das pessoas e da comunidade; uma responsabilidade que

se sobrepõe a necessidades individuais. Líderes indígenas são muito respeitados em suas comunidades pelo conhecimento da língua, da história, das cerimônias, dos rituais e das narrativas. Usam lições do passado para lidar com assuntos atuais e procuram encontrar o modo de melhor preparar suas comunidades para o futuro. Líderes indígenas eficazes ficam junto de seu povo, reúnem as pessoas para ouvir suas opiniões, ouvem de fato e tomam decisões com o apoio de seu povo. São traços característicos de bons líderes e gestores indígenas:

- bons ouvintes e comunicadores;
- conhecedores das tradições;
- respeitosos em todas as relações com as pessoas e com o "mundo natural";
- põem a comunidade à frente de suas necessidades individuais;
- fazem a comunidade sendo inclusivos, acolhendo e respeitando as perspectivas dos outros;
- tomam decisões para as futuras gerações dos que ainda não nasceram;
- são guiados por ancestrais, anciões e conselheiros;
- decidem por consenso;
- são carismáticos — as pessoas os respeitam e escolhem segui-los;
- encorajam e apoiam, ajudando as pessoas a encontrar seus melhores talentos;
- trabalham incessantemente para cumprir suas responsabilidades com as pessoas e a comunidade;
- são sabedores de muitas coisas e compartilham seus conhecimentos;
- prestam contas ao povo.

CHEFE ANFITRIÃO

MUITAS ANALOGIAS FORAM PROPOSTAS PARA se entender essa, para nós curiosa, filosofia da liderança. Destacou-se, entre etnólogos sul-americanistas, uma figura de sogro. Explica-se: em muitos povos sul-americanos (mas não só, também entre os Iroqueses, Cheyenne e Kwakiutl, por exemplo) pratica-se o que é chamado de uxorilocalidade, que é o costume de o rapaz se mudar para a casa da esposa — casa de seus sogros — quando se casa. Antes e depois dessa mudança, o rapaz presta serviços à família da noiva. A formulação dos debates entre especialistas a respeito da relação entre sogro e genro como lócus e modelo da autoridade faz lembrar a afirmação de Morgan sobre "a mais básica relação entre dois homens"; o sogro seria, no caso, a única pessoa a poder dar ordens. A figura do pai aparece às vezes, ecoando formulações nativas. De todo modo, nenhuma dessas figuras manda, todos pedem, e seus pedidos são acatados por respeito. Outras analogias evocadas por especialistas falam em "grandes homens que contêm outros homens", o que não parece fazer sentido algum para povos em que "cada um é rei".

"Anfitrião" se apresenta como imagem mais adequada. Puxadores de grupos e responsáveis por seu bem-estar, anfitriões obviamente não "contêm" seus convidados e tampouco os "representam". A relação entre anfitriões e convidados é marcada pela diferença entre os termos, comumente pensada como assimetria, o que faz nossas mentes saltarem para ideias de hierarquia vertical fixa e cadeia de comando. Apesar de registros em todo o continente falarem em anfitriões e convidados, a formulação costuma ser desconsiderada como "modo de dizer". Ora, as qualidades exigidas de chefes são, de fato, qualidades de anfitrião: têm de oferecer com largueza tudo o que tiverem; têm de cuidar para que as pessoas que congregaram não se desentendam; têm de agradar e alegrar a todos. Isso passa por suas palavras e seus atos, quer possam ser considerados solenes ou não. Em tudo isso devem mostrar-se "modelos de pessoa". Chefe é como dono de festa; ambos são anfitriões. Pode-se até considerar sogro e pai como variantes de anfitrião — como todas as lideranças nativas, aliás. Anfitrião tem prestígio (e não poder), congrega (não totaliza, não representa nem contém), propõe (não impõe), é alguém que cuida do bem-estar dos seus.

O vocabulário da hospitalidade salta aos olhos em todas as descrições de atividades coletivas nativas nas Américas, não só de chefes. Dizem os Huni Kuin que "é o chefe que pensa, que recebe as pessoas"; hospitalidade é uma qualidade constantemente ressaltada quando se pergunta a eles o que é "pensar bem". Fala-se em diplomacia em casos como esse e os do *tendotá* guarani, a quem cabe ser o primeiro a dialogar com "os de fora", e do chefe "civil" (por oposição ao "de guerra") dos Muskogee [Creek; Oklahoma, Estados Unidos], encarregado de receber "embaixadores". Nesse plano do que chamamos de "política externa", aos chefes cabe receber estrangeiros, o que nos parece normal. O que chama a atenção, nas Américas, é a recepção que os povos nativos deram inclusive aos invasores europeus: nunca hostil, como ressaltou Lévi-Strauss. Condizente com o cultivo da hospitalidade e voltada para a ampliação das redes de aliança do grupo, a primeira opção é receber como possível amigo. Na região do Pantanal e do Alto Rio Paraguai, uma análise das fontes revela a situação recorrente no continente: todos os povos nativos receberam bem os europeus, e, se mudaram de atitude posteriormente, sempre foi em decorrência de falha dos invasores como amigos/aliados, incluindo os casos em que epidemias trazidas por estes dizimaram grupos indígenas inteiros.

Morgan fala em "lei da hospitalidade", compartilhada por toda a "família índia", isto é, por todos os povos nativos do continente. Baseava-se tanto na própria experiência entre os Iroqueses e outros povos norte-americanos quanto em registros históricos, como o da recepção feita no México a Hernán Cortés e seus homens, "tratados com generosidade, hospedados e alimentados", do mesmo modo que as tropas de Francisco Pizarro no Peru. As artes da hospitalidade estão entre as mais cultivadas pelos povos das Américas, e, desde os primeiros relatos, de norte a sul do continente, são descritos protocolos de recepção de visitantes. Viajantes e missionários contam que, entre os povos tupi da costa brasileira, esse protocolo começava pela instalação do visitante numa rede na casa do chefe; depois de banhado e descansado, o convidado recebia comida; passado mais algum tempo, o chefe lhe oferecia tabaco, para só então iniciar a conversa. Entre os povos karib das Guianas, a primeira providência também é pendurar a rede dos visitantes e deixar que descansem, para depois lhes oferecer comida e bebida. O famoso cachimbo da paz norte-americano também ocupa o lugar entre a restauração dos visitantes e as conversas que, nos protocolos de recepção, costuma ser o do tabaco. Entre os povos do Alto Xingu, onde receber bem as pessoas é igualmente uma preocupação expressa, a etiqueta da hospitalidade inclui, do mesmo modo, oferecimento de descanso e comida antes de começar a conversa e modos adequados de fala. Charles Wagley conta que em 1939, quando chegou à casa de Kamairaho, homem de grande prestígio, conhecido na região do Rio Araguaia como Capitão dos Tapirapé, este veio lhe dar um aperto de mão e um abraço, gestos que aprendera com os padres. Em seguida, Wagley foi encaminhado para uma rede, bebeu água e comeu pedaços de porco-do-mato com farinha de mandioca trazidos pela esposa de Kamairaho, Kantuowa. Enquanto isso, o dono da casa permanecia por perto, em silêncio. Mais tarde, Wagley resolveu passear pela aldeia e foi convidado a entrar em cada uma das casas, e em cada uma delas lhe ofereceram "bananas, amendoim, mandioca e outros alimentos". Wagley perceberia, tempos depois, que Kamairaho não era *o* chefe da aldeia, que cada uma das casas tinha seu chefe e que "pode-se considerar que esses homens formavam uma espécie de conselho da aldeia", ainda que nunca se reunissem formalmente como um conselho. Essas notas de Wagley, além de ilustrarem a operação da lei da hospitalidade ao modo tapirapé, num contexto relacional preciso, reafirmam alguns pontos já comentados no que diz respeito a lideranças e formas de governo nativas.

A hospitalidade, comenta Morgan, era "um costume bem estabelecido das sociedades índias, praticada entre eles e para com estranhos de outras tribos, e naturalmente se estendeu [aos europeus]". Frei Gabriel Sagard, viajando pelo "país dos Huron" no século XVII, dá testemunho disso:

> Quando precisávamos ir de uma aldeia para outra, podíamos nos alojar e comer à vontade em suas casas, nas quais éramos muito bem recebidos e tratados, apesar de não terem nenhuma obrigação em relação a nós, pois é próprio deles acudir aos passantes e receber com cortesia em suas casas qualquer um que não seja inimigo; mais ainda aos de sua própria nação, que se prestam hospitalidade recíproca e ajudam tanto uns aos outros que

> provêm às necessidades de todos, e em suas cidades e aldeias não há nenhum pobre mendigo; não gostavam nada quando escutavam dizer que na França havia um grande número de necessitados e mendigos, achando que era falta de caridade nossa e nos censurando muito.

Nota-se, no final, a já mencionada indignação por parte de nativos americanos diante do fato de haver entre os brancos tanta gente sem casa e sem comida, enquanto tantas outras pessoas se recusam a dar o que têm.

> Visitantes sempre são alimentados. O cumprimento mais comum a visitantes não é "Alô", "Como vai?" ou "Bom revê-lo", é sempre "Comeu?" [...] existia [em toda a América do Norte nativa] um protocolo de acolhimento praticado em todos os lares nativos. O protocolo variava muito, dependendo da nação, da tribo ou até do clã, mas compartilhava um conjunto de princípios.

O trecho anterior se encontra numa página da internet dedicada a *pow wows*, grandes eventos intertribais norte-americanos que voltarei a evocar. Nessa mesma página, são em seguida listados "alguns princípios gerais compartilhados por muitas tribos nativas americanas" na etiqueta da hospitalidade. As obrigações elencadas, para anfitriões e convidados, poderiam ser consideradas como manual básico da "lei da hospitalidade" nativa de que fala Morgan e deixam clara sua inserção num contexto mais amplo de "civilidade" e "bons modos":

> OBRIGAÇÕES DO ANFITRIÃO
>
> Partir do princípio de que os visitantes estão cansados, com frio, com fome e com sede.

Nunca incomodar os visitantes com problemas dos anfitriões.
Jamais se sentar enquanto houver um ancião de pé.
Elogiar os visitantes.
Não apoquentar os visitantes.
Agradecer ao Criador pela companhia.
Ajudar os mais velhos a entrar ou sair.
Não se sentar antes de todos os visitantes.
Oferecer aos visitantes o lugar de honra e a melhor comida.
Proteger os visitantes como membros da família.

OBRIGAÇÕES DO VISITANTE

Aceitar qualquer alimento que lhe for oferecido.
Ser grato por todo e qualquer oferecimento por parte dos anfitriões.
Demonstrar grande respeito pela mulher da casa, que é quem mantém o fogo aceso.
Elogiar os anfitriões.
Agradecer ao Criador pela hospitalidade.
Nunca incomodar os anfitriões com seus próprios problemas.
Presentear os anfitriões.
Retribuir visitas de cortesia ao não demorar para entrar em contato.
Ser humilde e demonstrar respeito, mas não se rebaixar diante de ninguém.
Não interromper quem estiver falando.
Cuidar de evitar passar no meio de pessoas que estão conversando.
Ter o silêncio como lema, escutar e depois falar.
Nunca encarar as pessoas, olhar para baixo quando estiver falando.

> Demonstrar gentileza, humanidade e muita humildade.
> Falar de modo claro e suave.
> Conversar com as pessoas, mas não impor assuntos.

A lista inclui uma série de "obrigações" de todas as pessoas nativas de bem, corretas e bem-educadas. Faz pensar, mais uma vez, na centralidade da hospitalidade e da posição de anfitrião nos modos de relação nativos. Um caso contado por Lowie ilustra algumas dessas regras:

> A hospitalidade ainda [na década de 1930] é levada ao extremo. Sei de um crow que convidou um parente e sua esposa para passarem a semana do Quatro de Julho em sua casa. O casal foi ficando por semanas, e como a esposa visitante só comia carne, o anfitrião teve de se esforçar muito para garantir as provisões. Mas seria totalmente contrário à etiqueta nativa murmurar qualquer crítica em relação aos visitantes abusados.

Anfitriões não criticam visitantes; em princípio, visitantes tampouco devem criticar os anfitriões. Lévi-Strauss recupera uma história contada por vários povos, entre os quais os Chehalis [no estado de Washington, Estados Unidos], que seria uma boa entrada na obrigação dos visitantes de não desagradar os anfitriões. Nessa história, um ogro escuta Lince cantando a fartura da caça trazida pelo irmão Puma e se convida à casa dos irmãos. O ogro come tudo e depois adormece, momento em que Puma aproveita para cortar-lhe a cabeça. Desde então "acordou-se que nenhuma pessoa convidada a compartilhar uma refeição desagradaria seu anfitrião", conclui a história. Outra história, contada pelos Coeur d'Alene [Idaho, Estados Unidos], também faz refletir e aprender a respeito da hospitalidade:

> No tempo antigo, o herói Lua convidou seus vizinhos para uma grande festa. Quando o sapo chegou, a casa já estava lotada. Pediu um lugarzinho para se sentar, mas foi enxotado. Para se vingar, o sapo provocou uma chuva diluviana que inundou a casa de Lua. Fugindo em plena noite, os convidados perceberam uma luz. Vinha da cabana do sapo, onde foram se refugiar, pois era o único local cujo chão permanecia seco. Então o sapo pulou no rosto de Lua e ninguém foi capaz de tirá-lo dali, onde pode ser visto até hoje.

Sendo a hospitalidade uma modalidade da generosidade, marca de pessoas corretas, bem-educadas, negar hospitalidade é uma forma da avareza, comportamento que merece reprovação. Pessoas exemplares que devem ser, chefes têm de receber bem, têm de ser bons anfitriões. Um belo registro etnográfico a respeito dos Kaxuyana [norte do Pará] resume:

> [ao receber uma visita,] na mesa põe-se de tudo que se tem em casa. É um sinal da liberalidade do dono da casa para com o seu pessoal e seus hóspedes. Ter fama de ser mesquinho, avarento ou "sovino na boia" é uma coisa que o índio quer evitar a todo o custo. Imputar a alguém esse defeito seria a pior informação que se pode dar entre eles. De fato, a hospitalidade é, talvez, a sua mais bela virtude.

Anfitrião é o papel que se impõe na etiqueta, no código de boas maneiras, de povos nativos das Américas. Se lideranças devem ser pessoas exemplares, deduz-se que vê-los como anfitriões é um bom caminho para compreendê-las. Num outro plano, "anfitrião" é o que podemos perceber no que é traduzido como "proprietário". A expressão "dono de aldeia" é comum em registros etnográficos e "naturalmente" associada à noção de propriedade. Mas o sentido aqui é o de "dona/dono de casa": trata-se de posição e de função, não de propriedade. Uma das palavras na língua yawanawa [Acre] traduzida como "líder, liderança ou chefe" é glosada como "dono do lugar". Entre os povos falantes de línguas jê, as casas "pertencem" às mulheres, mas seus maridos são tão "donos da casa" quanto elas; nas etnografias, costumam eles, inclusive, figurar como quem detém "autoridade" na casa. Mais uma vez, duas questões se impõem: a parceria e equivalência valorativa inerentes à "unidade" casal e o sentido de "dono" — no caso, donos da casa — não como proprietário, mas como anfitrião. A reflexão de Marcio Silva sobre os Waimiri-Atroari [Amazonas] é esclarecedora:

> Consideram idealmente o grupo local como uma comunidade que vive sob um mesmo teto, liderada por um "dono de casa". Esse status parece se associar menos à propriedade da casa do que propriamente à sua construção. Um dono de casa é assim o indivíduo que foi capaz de mobilizar [...]. Se, por um lado, o status de dono de casa confere prestígio, por outro lado, é preciso já ter prestígio para se tornar um dono de casa, figura focal do grupo diante dos demais grupos locais e, por isso mesmo, com a prerrogativa de oferecer sua casa aos de fora.

Atentemos para a posição de "iniciador de movimento" com capacidade de "organizar o pessoal" — que, como mencionado, são requisitos de chefes indígenas. Aproveito para observar que muitas vezes falo aqui de "aldeia" pensando numa unidade anfitriã, não num formato de habitação. No caso dos Waimiri-Atroari, essa unidade, que o etnólogo chama de grupo local, é uma grande casa. A percepção do papel de dono da casa é bem menos comum, entre especialistas, do que associações com noções de propriedade. Philippe Descola, por exemplo, interpreta a prática shuar [Peru e Equador] de enterrar seus chefes em suas casas na posição do anfitrião recebendo seus convidados como marca de sua posição de "fundador da aldeia", seu "dono". Em lugar de ver um símbolo, tudo indica que deveríamos entender o gesto de modo literal: é um anfitrião que se enterra, não um proprietário.

Outras informações também conectam diretamente chefes a festas e são em geral interpretadas como privilégio econômico na forma de "controle de recursos", embora a ideia descole completamente do que sabemos sobre a filosofia da chefia de povos nativos das Américas. É o caso das chamadas "roças de chefe", em que todos os membros do grupo trabalham, comumente tomadas como sinal de riqueza diferenciante; basta olhar para o destino do excedente produzido pelo coletivo: tudo é consumido em festas. A conexão entre chefia e festas aparece com tanta frequência nas descrições das lideranças que surpreende que por tanto tempo o debate especializado venha mantendo a separação entre "política" e "ritual". Diz-se que o que define um líder político makuna [Amazonas e Colômbia] é sobretudo sua capacidade de promover rituais. A mesma afirmação é feita a respeito de chefes do nordeste da América do Norte e do Brasil Central. Os "principais" kaiowá, assim como os da Colúmbia Britânica, são sobretudo lembrados pelas festas que promoveram. Um "verdadeiro chefe" wauja [Mato Grosso] é alguém que "gosta de festas": "para manter sua posição, o capitão [Metyktire, no Pará] deve cultivar uma reputação por generosidade" mediante o "patrocínio de grandes cerimônias"; o mesmo é dito dos líderes lakota [Dakota, Estados Unidos]. Entre os Tupi da costa brasileira, "para ser 'dono' de um lugar, de uma casa, de um grupo local etc., era necessário ter sido antes 'dono' de uma festa", e até "o profeta — líder religioso, líder de migração — era antes de tudo um mestre de ritual". Entre os Muskogee, o chefe "civil" determinava dias de festa para celebrar boas caçadas; aos chefes kaxinawá cabe a iniciativa de fazer festas, e aos caciques wayana cabe determinar a realização de festas, após consulta. No Chaco, entre os "encargos" que não apenas os "caciques" mas "nobres" em geral tinham que aceitar para manter suas posições estava a função de anfitrião de festas, como na Colúmbia Britânica. É digno de nota que o cazonci, dito "rei" dos Michuaque, no México, como os Inca nos Andes, fossem tão obrigados a organizar e oferecer festas quanto as demais lideranças no continente. A disparidade em termos de escala demográfica justificaria a separação disciplinar e teórica entre tipos de coletivos nativos?

A lista de qualidades de um chefe nativo nas Américas evocada por Lowie e Clastres estava atrelada a uma definição de "política" em que não cabiam requisitos e características próprias do que podemos chamar de "função anfitrião", em "chave de festa". Pois, além da exigência de saber organizar e oferecer festas, são inúmeros os registros de que, para ser chefe na América nativa, é preciso saber cantar, dançar, conhecer protocolos de festa e dominar técnicas de produção de objetos de festa. Diz-se do chefe boe que é "sempre o melhor cantor e, enquanto tal, muito respeitado e estimado"; lideranças kaiowá são pessoas que sabem os cantos-rezas; lideranças krahô têm de ser grandes conhecedores de procedimentos, princípios e elementos de festas; chefes nambikwara são bons cantores e dançarinos e "devem sempre estar prontos para animar o bando e afastar o tédio da vida cotidiana". Na Colúmbia Britânica, o chefe da casa, anfitrião do *potlatch*, canta e dança para os participantes. Da apresentação (oferecimento) dessas "propriedades" de cada "chefe" depende seu reconhecimento como tal, bem como a confirmação de seu "direito" aos cantos, danças, nomes e brasões que terá recebido por várias vias, entre as quais a descendência e casamentos.

É como dono de festa que um chefe confirma sua qualificação para o cargo e pode aumentar (ou não) seu renome e seu prestígio, assim como o da unidade anfitriã. Entre os Sliammon, informa uma *native scholar*,

> convidando gente de fora de sua aldeia, [os chefes de família] aumentavam o próprio prestígio (e, consequentemente, o de suas famílias) e estendiam sua influência para uma rede mais ampla de aldeias. [...] Dar à própria família não bastava. O prestígio advinha de a generosidade e o comportamento apropriado serem reconhecidos para além da própria família e para além da própria aldeia.

Também na Colúmbia Britânica, o chefe kwakiutl James Sewid comenta a preocupação de todos os chefes em cultivar um "bom nome" para além do próprio grupo, dando provas de generosidade por meio do oferecimento de *potlaches*. Do mesmo modo, entre os Kalapalo, no Alto Rio Xingu, relata Antonio Guerreiro que

> um chefe é considerado "grande" quando é amplamente visto como bom e generoso por "seu pessoal", e fica ainda "maior" quando seu nome se torna famoso, conhecido entre estrangeiros (índios e brancos), em função de sua participação em rituais. Quanto mais um chefe ocupa a posição de "coordenador" ou dono de rituais, mais ele é visto e comentado pelos estrangeiros. Diz-se que seu nome "fica sendo falado quando ele está longe".

A preocupação dos antigos, conta Davi Kopenawa, era ter grandes roças, para poder convidar muita gente às suas festas *reahu* e garantir que os convidados, satisfeitos, lembrassem de sua generosidade com belas palavras. Diz um etnógrafo dos Caduveo [Mato Grosso do Sul] que parecem

> gosta[r] de fazer exibição de grandiosidade e generosidade [...] parece-lhes necessário que todos saibam que tal indivíduo está em condições de oferecer aos amigos o prazer imenso de tomar uma solene bebedeira, que se cante, dance alegremente, faça-se rumor; que a memória do festim dure longamente, e o anfitrião chegue a superar, com a sua generosidade e o esplendor da sua festa, as festas anteriores.

Uma história sliammon evocada por Lévi-Strauss expressa o encadeamento entre apresentar-se, oferecer e tornar-se famoso, a coincidência entre função anfitrião e posição de liderança, cujo renome provém de praticar a generosidade. Nela, o herói, até então incógnito, é revelado por Corvo e resolve se apresentar: "No dia seguinte, ofereceu um banquete aos moradores da aldeia e distribuiu as cobertas que tinha trazido. Foi proclamado chefe e tornou-se célebre". Chefes e os seus podem, pelo contrário, adquirir péssima fama caso não sejam capazes de oferecer boas festas — e convidados insatisfeitos espalhem a notícia. Comunidades, junto com seus chefes, em geral ficam completamente desprovidas de alimento após uma festa, o que será considerado como sinal de sucesso e lhes valerá boa fama.

O chefe é "a causa" da "vontade do grupo de se reunir". Ele puxa, mas é o grupo, por vontade própria, que se reúne. Como observava Lévi-Strauss a respeito dos Nambikwara, não há, como pressupõe grande parte de nossa filosofia política, um grupo preexistente, que de algum modo passa a ser controlado por alguém que se impõe ou é escolhido. Grupo e chefe são constituídos pela relação, não há primazia. Ao contrário do que supomos, o chefe não é hierarquicamente superior à sua turma. A suposição explica o espanto diante da ausência de marcas reconhecíveis de sujeição ou inferioridade. Antigos viajantes buscavam pagamentos de tributos e outros comportamentos que em sua Europa marcavam hierarquias sociais. Especialistas contemporâneos ainda julgam gestos como servir alguém como indícios inegáveis de inferioridade por parte de quem serve. Como já comentado, também tendemos a considerar que quem serve de porta-voz é superior aos demais e, assim, frequentemente deixamos de perceber o sentido não universal de comportamentos. Entender as relações entre chefes índios e os seus como uma relação entre anfitrião e convidados permite deslocar nossos pressupostos a respeito de hierarquias sociais e políticas. Anfitrião serve (não é servido); não tem poder, mas é dele o prestígio — se a festa for boa. Como dizer quem é superior nessa relação? São posições complementares, entre as quais não há hierarquia. Deixa de ser surpreendente, como parecia a Clastres, por exemplo, que os chefes mais pareçam servir a seus chefiados do que obter deles alguma vantagem.

Quando a generosidade é o mais alto valor, o que Clastres comparava a um saque ininterrupto é, para as pessoas dignas de respeito, uma atitude correta e, portanto, sua feitura ou refeitura como pessoas exemplares. Por isso é que Merekuku, dono de festa, sorria ao me dizer que tinha dado tudo, o biguá do mito arawak declarou-se satisfeito com o preto que lhe restou depois da distribuição de todas as cores entre os demais pássaros, e os chefes da Colúmbia Britânica se arruínam oferecendo banquetes, presentes, espetáculos em *potlatches* memoráveis.

São recorrentes nas Américas registros de anfitriões que não comem. O "chamador" da Dança do Sol crow não come nem bebe nada durante as cerimônias; o dono anfitrião das festas cree distribui toda a comida em porções generosas e nada reserva para si; entre os Kaxuyana, o dono da casa, quando recebe visita, tampouco come. Às complexas operações que fundamentam a não participação do matador tupinambá no festim canibal, poderíamos acrescentar este aspecto: guerreiro exemplar — porque matador de inimigo —, o que oferece a festa é também anfitrião exemplar — porque não come. Nota-se o paralelo com a também recorrente evitação (menos questão de proibição do que de decoro) de comer da própria presa por parte de caçadores nas Américas. Na Colúmbia Britânica, o caçador se dirige à presa recém-abatida como um anfitrião a seu convidado, isto é, com respeito. Nesse caso, é o anfitrião que recebe o alimento de seu convidado, como acontece nas muitas festas nativas cujos convidados chegam à aldeia anfitriã trazendo carne de caça e produtos coletados no caminho como presentes. Com muita frequência, análises especializadas têm desenvolvido uma associação entre caça e guerra, mas exemplos como esse são muitos, suficientes para nos instigar a imaginar outros caminhos de compreensão.

Anfitriões e convidados são um par unido pela diferença. A relação é análoga àquela que o pensamento compartilhado por povos nativos das Américas postula entre sol e lua, homens e mulheres, metades de aldeia, tempo aberto e tempo chuvoso: relacionados precisamente pela diferença, os termos não podem ser hierarquizados, nem destacados, nem conter um ao outro. A festa supõe a presença de ambos, num conceito de relação caracteristicamente nativo americano: é a diferença o que relaciona, é a diferença (e só ela) que produz.

A corrida de toras dos povos jê — uma das várias competições sempre presentes em festas, de que voltaremos a falar — é uma expressão privilegiada da noção fundante, no pensamento nativo americano, da relação entre diferentes, do "dualismo em perpétuo desequilíbrio". Num filme sobre um encontro entre os Parakatejê e os Krahô intitulado *Eu Já Fui Seu Irmão*, o chefe krahô comenta que os convidados parakatejê vão logo chegar e talvez ganhem dos anfitriões na tora, ou talvez não. Se ganharem eles, diz, não há problema, "foi para isso mesmo que convidamos". O que importa é haver oponentes, é haver corrida. Chefes anfitriões, do mesmo modo, competem em festas. A capacidade de um chefe de oferecer festas memoráveis e ser lembrado depende, evidentemente, do grupo anfitrião: quanto maior, mais capaz será de convidar muita gente e oferecer boas acomodações, fartura de alimentos, belas apresentações. Chefes são indissociáveis de suas aldeias, cuja fama como promotoras de belas festas é também foco de competição e matéria da memória.

QUE FESTA É ESSA?

NO SÉCULO XVIII, O PADRE Lafitau, em um dos primeiros grandes esforços comparativos empreendidos no âmbito americanista, notava que os índios nunca tratavam de "assuntos de alguma importância [...] sem um grande festim"; registrava igualmente os acompanhamentos costumeiros do "festim", como cantos, danças, apresentações de vários tipos e competições. Alguns anos mais tarde, Charlevoix — também jesuíta, enviado ao Canadá como professor, posteriormente diplomata da Nova França — diria que a "cerimônia de eleição" dos chefes dos povos de língua algonquina "resume-se a festins acompanhados de danças e cantos". O primeiro ressalta a associação entre as movimentações que vemos como políticas e as grandes festas nativas. O segundo obviamente não leva a sério esses "folguedos" nativos e convida a ver aí uma falta, uma "pobreza" que combina com uma imagem de povos sem política, pré-políticos, apolíticos. Um dos maiores legados de Clastres é um alerta dirigido às numerosas classificações de povos não ocidentais baseadas na ideia da ausência: se não vemos nada, isso não significa que não haja nada a ser visto, mas apenas que não reconhecemos ali algo de nossa própria imagem. Não vemos política entre povos "primitivos" porque é outra política. Mas o próprio Clastres, desenvolvendo sua análise sobre essa política outra, deixa de lado banquetes, danças, cantos e tudo o mais que nossa política encara como acessório ou algo que não é de sua alçada. Como tantos outros estudiosos, Clastres separa o que os povos nativos juntam, coisa que não fez o missionário Lafitau, que parecia, nesse sentido, estar mais perto de compreender os movimentos nativos de compor com grupos, isto é, sua política.

Disse certa vez um ancião kaiowá que, "antigamente, não existia reunião, só existia festa". Como entender que a festa esteja aqui no lugar da assembleia? Diante dessa dificuldade, não surpreende que as descrições do conselho dos Haudenosaunee (Iroqueses) em geral se restrinjam à estrutura do conselho dos sachems, expressando a prevalência da forma assembleia em nosso imaginário político. A festa não aparece; banquetes, presentes, apresentações, quando registrados, serão considerados atividades secundárias, acessórias. Morgan, que presenciou uma reunião do grande conselho dos sachems realizada em 1845 descreve uma "interessante cerimônia" que dura vários dias, envolve uma série de preparativos e convites e um elaborado cerimonial. A forma assembleia também se destaca em sua descrição, que toma as reuniões dos conselhos como começo e fim de grandes festas, instituição central, a que tudo mais estava "atrelado":

> É um fato notável, resultante da estrutura das instituições indígenas, que praticamente todas as transações, fossem sociais ou políticas, tivessem como ponto de partida ou encerramento um conselho. Esse modo universal e favorito de tratar dos assuntos se entrelaçava em todos os aspectos da vida pública e privada. Em conselhos eram planejados, analisados e adotados todos os tipos de transações públicas. A sucessão de chefes, as competições atléticas, as danças, os festivais religiosos e suas atividades sociais, tudo estava atrelado a conselhos.

Segundo a percepção de Morgan, toda a vida "social e política" dependia dos conselhos, que aparecem assim como uma instituição central. Central, no entanto, é a festa. Essas reuniões de diversos grupos em danças, compartilhamento de alimentos e encontros variados são entrelaçamentos de "todos os aspectos da vida pública e privada", como diz Morgan. São ocasiões privilegiadas, por exemplo, para ocorrerem namoros, que podem gerar ou desfazer casamentos, reconfigurando alianças também no plano do parentesco.

Lafitau registra uma longa e variada lista dos motivos possíveis para festanças na costa leste da América do Norte: reuniões de conselhos, nascimentos, mortes, iniciações, nominações, passagens de grau, aclamações de chefes, fazimento de xamãs, inaugurações de canoas, colheitas, cortes de cabelo. Em outras regiões da América não é diferente: são também variadas as razões para uma "celebração". Em todos os casos, processos sociais vitais só podem ser (re)produzidos em festa. Assim, o chamado "banquete antropofágico" dos Tupi da costa brasileira é parte de uma grande festa, na qual moquém, cauinagem, diálogo matador/cativo, danças e cantos, distribuições de comida, visitas e trocas diversas são igualmente fundamentais. Naturalmente, por assim dizer, as reuniões contemporâneas conectadas a políticas não indígenas, para defender direitos ou desenvolver projetos, são inseridas em contextos festivos. Nos projetos desenvolvidos em colaboração com povos indígenas, é comum que prevejam muito mais reuniões do que os assessores brancos julgam necessárias para o desenvolvimento eficiente do projeto. Os orçamentos costumam incluir, para cada uma das várias reuniões, meios de transporte para os convidados, alimentação e outros elementos considerados indispensáveis numa festa. O que pode ser julgado como gasto desnecessário de tempo e de recursos segundo critérios nossos, do ponto de vista nativo é, ao contrário, condição da vida social.

Tudo pode ser motivo para uma festa, e são elas as ocasiões em que grupos diferentes se reúnem e trocam notícias, alimentos, discursos, cantos, danças, especialidades, conhecimentos, sementes, histórias, lembranças, alegrias e tristezas, em que pessoas e coletivos são formados e transformados. Em muitas línguas indígenas, cada festa tem seu nome (junto com seu tempo e suas características), e nenhuma categoria as engloba. Todas são centrais na vida social nativa. Raoni Metuktire resume: "As festas, as danças, os cantos são valores essenciais de nossa cultura. Então repito [aos jovens]: o mais importante é não se esquecerem das festas. Arrumem-se, dancem e cantem — aí está a sua força".

Festas são ao mesmo tempo emblema de continuidade e lócus privilegiado de incorporação de coisas e gentes "de fora". Primeiro, como já mencionado, porque sua origem é costumeiramente "externa": aprende-se com outros povos, muitas vezes com gentes de outros planos. É bem conhecido o fato de o *kwarup* ser o contexto no qual os alto-xinguanos inserem seus aliados brancos, vivos e mortos; o mesmo ocorre nas demais festas. Há muitos casos bem documentados da necessidade de, a cada festa, incorporar novos cantos e danças. Entre os Xikrin [Pará], como na Colúmbia Britânica, a inserção dos coletivos nativos em redes de trocas de bens com os brancos produziu uma explosão de festas. Em ambos os casos, as festas foram incorporando mais e mais "novidades", incluindo "bens tangíveis", como cobertores e refrigerantes, e "intangíveis", como gestos e canções. Motivos de festa foram acrescentados: aniversário, feriados nacionais, Natal, dias de santos. Em vários contextos, fala-se em abandono das "festas tradicionais", que foram substituídas por celebrações religiosas e cívicas. Em casos extremos, como os de povos submetidos a projetos de violenta repressão cultural (etnocídio), as festas dos antigos deixaram seu lugar para festas do calendário não indígena. Também são muitos os casos como o dos Kaingang ou Kanhgág [Rio Grande do Sul, Santa Catarina, Paraná e São Paulo], em que o conhecimento das festas que durante décadas deixaram de ser realizadas não foi esquecido: "acorda", dizem, e festas dos antigos voltam a ser feitas. Visto que é como anfitrião que se obtém e garante prestígio, não surpreende que em muitos casos "novas lideranças" procurem se afirmar contra os anfitriões de festas "tradicionais" (impossibilitados por diversas razões de realizá-las) promovendo, justamente, a celebração de festas religiosas, cívicas e aniversários. Na maioria dos casos, o calendário de "festas de branco" foi adotado (o exemplo do Quatro de Julho entre os Crow mostra isso na América do Norte). As mesmas festas — como feriados cívicos, dias de santos, Ano Novo — são celebrados, em contextos nativos, de modos que podem ser associados à "tradição", diferenciando-as de celebrações não indígenas nas mesmas datas. Festas "tradicionais", por sua vez, incorporam canções, danças regionais, jogos de futebol, bebidas e alimentos, padrões gráficos e outros ingredientes de origem não nativa.

Todos os motivos, mais antigos ou mais recentes, conduzem a festas nas quais diferentes coletivos se encontram para um intenso processo de trocas em todos os planos. Os grandes encontros de evangélicos na região das Guianas chegam a reunir mais de duas mil pessoas de vários grupos indígenas, que se dão uns aos outros cantos, objetos, alimentos, notícias, danças. Na América do Norte, os *pow wows*, realizados em várias regiões e épocas do ano, são igualmente eventos centrais na vida coletiva nativa. O maior deles, realizado no Novo México, chega a reunir mais de quinhentas tribos (termo mantido pelos nativos nos Estados Unidos), que apresentam suas danças e seus cantos, trazem alimentos e objetos próprios, trocam histórias e notícias. Nas páginas das nações índias norte-americanas, os *pow wows* são descritos como ocasiões de renovação do espírito nativo e fortalecimento das tradições.

"Festa" se apresenta como uma boa tradução para esses eventos centrais das vidas nativas na medida em que vários de seus elementos são compartilhados com festas "de cá". Mas essas festas indígenas não são como as nossas. A começar pelo fato de ser preciso haver convidados "de fora": gente de outras aldeias, de diferentes subgrupos, de outros grupos. Os Mamaindê [Nambikwara] chamam de "festas de brincadeira" aquelas em que não há convidados forasteiros — tradução, mais uma vez, reveladora: "de brincadeira", porque festas "de verdade" só podem ser dadas a convidados de fora. Mesmo essas festas "de brincadeira" operam com oposições entre grupos, como parentes distantes e próximos, por exemplo; e outros grupos também fazem festas com diferenças "internas" a grupos de corresidentes: metades, homens/mulheres, classes de idade etc. Mas boas festas precisam de convidados forasteiros: quanto mais variedades de gentes se reunirem, quanto mais diferenças se conectarem, melhor a festa. As festas de que falamos aqui não são feitas "em família", e, além dos amigos confirmados (que deixarão de sê-lo caso não sejam convidados ou se por alguma razão se indispuserem com seus anfitriões), são frequentemente convidados possíveis novos aliados.

Mais do que isso: nas chamadas terras baixas da América do Sul, como nas Grandes Planícies da América do Norte, "inimigos" são os convidados por excelência. Em casos emblemáticos, como o dos Tupi da costa brasileira ou dos Iroqueses, o inimigo é, digamos, o protagonista do evento. Na Amazônia são recorrentes as variações da fórmula "são 'inimigos' que vêm à festa". Grande parte desses inimigos-convidados entra dançando e cantando, todos têm papéis específicos e essenciais na festa. As oposições entre anfitriões e convidados nem sempre se expressam como hostilidade, embora isso ocorra em vários casos. Os anfitriões wari [Rondônia] permanecem "agarrados às suas bordunas, sempre em atitude ameaçadora" durante toda a festa. No "ritual de caça" em que especialistas viram a principal cerimônia tribal dos Cheyenne, há um grupo de Guerreiros Contrários que persegue outros grupos em vários momentos da festa; entre os Kiowa [Oklahoma, Estados Unidos], numa determinada fase da Dança do Sol, os dançarinos eram surrados "como inimigos" e iam caindo um após o outro. Em cada caso, em cada festa, oposições entre anfitriões e convidados são operadas em diversos confrontos verbais, muitos chamados de "diálogos cerimoniais", cuja complexidade exige dos participantes grande conhecimento e capacidade; suas diferenças também se expressam em danças e cantos, alternados e contrapostos; suas contrariedades assumem a forma de competições, como as corridas de tora já mencionadas, o *huka-huka* no Alto Xingu, os jogos de lacrosse entre metades winnebago e omaha [ambos hoje no Nebraska, Estados Unidos], os jogos de bola dos Manoki [Mato Grosso] e de povos mesoamericanos, a peteca dos Mbyá. Jogos de futebol integram hoje muitos encontros entre diferentes grupos indígenas no Brasil. Nos grandes encontros intertribais norte-americanos contemporâneos (*pow wows*), dançarinos de diferentes grupos competem por prêmios; em ambos os casos, permanece, transformada, a fundamental expressão das diferenças presentes na festa, que, longe de serem anuladas, costumam ser refeitas em atos e palavras. Nisso também muito distantes de nossas concepções de comunidade, os movimentos coletivos nativos promovem continuamente a conjunção de diferenças, mas não sua unificação/homogeneização.

A etnologia americanista tem desenvolvido uma reflexão no plano da alimentação — item fundamental de todas as festas, nativas ou não — que enfatiza a comensalidade; a ênfase talvez fale mais de nossas ideias de comunhão do que de movimentos nativos de relacionamento de diferenças. É bem documentada a relevância do "comer juntos" na constituição, entre povos indígenas, de corpos coletivos, expressos em resguardos devidos por cada um dos membros do grupo de comensais habituais. Nas festas, parentes que vêm de outras aldeias ficam hospedados nas casas de seus familiares, cuja comida partilham. Sem essa renovação constante dos laços que as festas garantem, pode até resultar um "desaparentamento": parente que mora longe, nunca convida nem vem visitar, com o tempo, vai deixando de ser parente. Não demorar a reciprocar um convite é, como vimos, uma das obrigações dos visitantes. Mas a comensalidade é também invocada a respeito do moquém entre os Tupi do século XVI e do *reahu* yanomami, por exemplo, como expressão da "unidade" conformada na festa. Talvez estejamos deixando de considerar anfitriões que não comem, diferentes alimentos sendo oferecidos a determinados grupos, em contextos precisos; talvez estejamos supondo, erroneamente, o compartilhamento generalizado da comida. Pensar na comensalidade como fundamento da aliança nos parece natural, mas vale rever as descrições de festas antigas e contemporâneas: há muitos indícios de que a comensalidade não é generalizada. Parte dos alimentos preparados pelos anfitriões para festas é reservada para ser dada aos convidados, para comerem no caminho de volta ou em casa; os convidados yanomami levam seu farnel no final do *reahu*, como os convidados a *potlatches* levam salmões defumados em caprichadas caixas de madeira esculpida e pintada. Ao lado do comer juntos e do comer uns aos outros, da comensalidade e do canibalismo, destacados pela etnologia sul-americanista, outra modalidade de consumo alimentar parece ter sido relativamente desconsiderada: o dar de comer uns aos outros. Aliados seriam, assim, menos os que comem juntos, e mais os que oferecem comida — entre outras muitas coisas — uns aos outros. Não se trata de comunhão, não se trata de unificação. Festas nativas americanas são celebrações de diferenças.

Os convidados são "inimigos" que podem ou não deixar de sê-lo, sempre contextualmente. É nas festas que as amizades podem ser cultivadas ou plantadas, reativadas ou iniciadas, compondo as redes de aliados em batalhas. Festas e guerras sempre aparecem juntas, inextricavelmente conectadas. Apesar disso, permaneceram separadas pelas análises, e a guerra ganhou especial destaque na reflexão de especialistas sobre a América do Sul. Clastres afirmava claramente a prioridade sociológica da guerra sobre a aliança: "Só existem aliados porque há inimigos, e a guerra é o fato primeiro". Desde o início da invasão, foi difundida na Europa a ideia de que os povos nativos das Américas dedicavam a vida à guerra. É famosa a afirmação de Gabriel Soares de Souza, de que "todos os fundamentos [dos Tupinambá, no caso] são como farão guerra a seus contrários", que, não por acaso, figura como epígrafe do estudo clássico de Florestan Fernandes a respeito da guerra tupinambá. Essa ideia ajudava a manter a convicção de que não havia como estabelecer relações pacíficas com povos "selvagens" e "ferozes", o que poderia justificar seu extermínio e/ou sua escravização. Seja como for, é preciso dar mais atenção às flagrantes diferenças entre os nossos modos de fazer guerra e os deles. Diz-se, por exemplo, que os Cheyenne não almejavam a "vitória total", mas "glória, vingança e infligir alguma humilhação e punição ao inimigo". Voltaremos, em seguida, aos feitos de guerra que davam renome/prestígio aos guerreiros crow, como roubar cavalos e resgatar feridos. As incursões de guerra dos Tupi da costa brasileira costumavam resultar em uns poucos mortos e prisioneiros, e o caso de Staden comprova que era possível encerrar uma incursão guerreira após a captura de um único inimigo; nos casos de guerra entre grandes contingentes de aliados, a quantidade de mortos e prisioneiros era ainda relativamente pequena. Florestan Fernandes comenta a mudança de escala provocada pela colonização: "da casa da dezena e da centena, suficientes para exprimir os efeitos demográficos do 'combate aborígene', os cronistas saltam à casa do milhar para se referir às devastações humanas produzidas nas populações aborígenes pelos colonizadores". Veja-se ainda a iluminadora e desconcertante reflexão de Davi Kopenawa sobre imagens brancas de nativos belicosos e as enormes diferenças entre os modos como índios e brancos concebem e praticam a guerra.

Clastres registrou a seguinte história chulupi [também conhecidos como Nivaclé, no Chaco argentino]:

> Antigamente, os Chulupi e os Toba formavam uma única tribo. Certo dia, dois rapazes, um de cada grupo, "se divertiam em lutar" quando um deles ficou ferido. Aí fizeram uma festa, e, durante a festa, o pai do toba levantou-se e declarou: "Agora, volto a pensar em meu filho que foi ferido!". E, assim que disse isso, começou a flechar os parentes e amigos do adversário de seu filho. Um guerreiro chulupi levantou-se também e crivou de flechas vários toba que estavam cantando, de pé, acompanhados do som de seus chocalhos. Então começou o combate entre todos os homens, que estavam bêbados. E a causa de tudo isso eram dois jovens. A luta estendeu-se às mulheres, que passaram a lutar ao lado dos maridos.

Clastres analisa essa narrativa como evidência da "consubstancialidade" entre guerra e [estado de] sociedade, de que a sociedade (no caso, as "unidades" toba e chulupi) surge com a guerra. A análise de Clastres depende de desconsiderar a diferença, expressa nos nomes e atos, entre os Toba e os Chulupi. Na América nativa, são muitas as "tribos" compostas da relação entre dois ou mais grupos diferentes. Clastres está preso a identidades, unidades, igualdades, permanências; esbarra numa filosofia índia feita de alteridades, conjuntos de diferenças, distinções multiplicadas, transformação contínua. Não chama sua atenção o fato de haver no meio da história uma festa — que desanda, é verdade, mas que poderia ter confirmado/refeito a aliança entre os dois grupos. Festas podem, como se dizia a respeito dos Tupi costeiros no século XVI, "confirmar nos ódios" seus participantes e reafirmar alianças; podem também desandar em brigas e desaguar em guerra.

Contam-se na América nativa muitas histórias de festas-armadilhas, planejadas para atrair inimigos e acabar com eles. Os Flathead [Montana, Estados Unidos] contam que Coiote convidou os patos para uma dança e inventou um pretexto para fazer com que o fogo fosse apagado; aproveitando-se da escuridão, estrangulou todos os convidados, um após o outro, sem ser visto. Os Yudjá contam histórias de antigos que foram convidados a comer mingau por outros grupos e foram mortos; sabem que toda cauinagem pode, como as dos antigos, acabar em mortandade. Nas memórias e histórias de antigos em toda a América, há casos de gente convidada para uma festa e posteriormente morta por inimigos que se faziam passar por possíveis amigos. Os convites são sempre aceitos, apesar do risco; recusar um convite é já declarar guerra.

Todo amigo pode virar inimigo e deixar de trocar convites para festas. "Amizade" é uma das palavras em português que aparece muito nas falas indígenas, para logo desaparecer. Entre os Zo'é [Pará], o termo traduzido para "amigo" é um "termo-chave", e há uma categoria para os que "querem ser amigos". Um dos significados do termo que designa as metades kaingang é "amigo"; amizade é a relação entre Kairú e Kamé, que dão nome às ditas metades. Como eles, outros pares de demiurgos, cujas ações opostas e combinadas deram origem ao mundo em que vivemos, dão nomes a grupos que chamamos de metades, e suas histórias são lembradas quando se fala delas. Lévi-Strauss dedicou o último volume de suas *Mitológicas* a variantes pan-americanas de histórias como a de Kairú e Kamé; as peripécias desses pares, a quem chamou de "gêmeos desiguais", expressam os princípios fundantes do "dualismo em perpétuo desequilíbrio". Nem todos os pares de "gêmeos desiguais" são ligados por amizade, mas o fato de a relação entre "metades" poder ser assim concebida já deveria afastar ideias de "todos" partidos ao meio. No mesmo sentido, a desigualdade entre essas duplas que protagonizam tantas narrativas nativas americanas, ressaltada por Lévi-Strauss, deveria afastar ideias de igualdade e simetria. De todo modo, e como bem notou Tania Stolze Lima, a amizade, como modo de relação concebido por povos nativos, certamente merece mais atenção do que tem tido. Na região das Guianas, entre povos de língua karib, destaca-se a posição relacional designada como *pawana*, ora traduzida como "amigo", ora como "visitante", ora (por etnólogos) como "parceiro de troca". O *pawana* é certamente tudo isso: vem visitar porque é amigo e, assim, troca bens, mensagens e performances com seus anfitriões. Numa história contada pelos Menomini [Wisconsin, Estados Unidos], registrada nas *Mitológicas*, Sol repreende a filha, que zombou de um convidado: convidei-o para ter um amigo, diz o pai, não para que fosse insultado. Vemos aí reforçada outra regra da hospitalidade, adequada à aposta no estabelecimento de relações de aliança; o comportamento da filha, pelo contrário, poderia provocar a inimizade.

Há algo de guerra em toda festa, e não de modo exclusivo no subconjunto recortado dos chamados "ritos de guerra", porque os convidados são expressa ou potencialmente inimigos, porque há movimentos de oposição entre anfitriões e convidados em todas as festas e também no plano da sucessão temporal, visto que festas e guerras se engatam umas nas outras continuamente. Entre os Cinta Larga [Mato Grosso e Rondônia], como entre os Iroqueses, o chefe de uma expedição de guerra oferece uma festa aos guerreiros que o seguirão, se quiserem "compartilhar a glória da aventura", como diz Morgan. Numerosos também são os registros de festas oferecidas pelas famílias de jovens que retornavam de suas primeiras participações em batalhas, que marcam sua ascensão à maturidade e confirmação como guerreiros, como foi o caso do conhecido líder lakota Touro Sentado.

Pode parecer que isso pertença ao passado, na medida em que as guerras mudaram de feição na maior parte do continente. "Não fazemos guerra; fazemos festas para os chefes, às quais comparecem todas as aldeias. Cantamos, dançamos, trocamos e competimos", diz um mehinaku. Os Kalapalo "dizem que os rituais regionais patrocinados por (e para) seus chefes estão no lugar das guerras". As grandes festas do Alto Xingu, assim como os *potlatches*, *pow wows* e outros eventos centrais em cenários "pacificados", não desandam em guerra, mas são, como todas as festas nativas, festas de diferenças, marcadas pelo oferecimento de performances e bens, operadas em oposições e composições.

Os Enawenê-Nawê [Mato Grosso] oferecem uma variante particularmente boa para pensar dinâmicas de festa e guerra, pois representariam aparentemente um caso-limite, no qual a guerra tende a zero — assim como os alto-xinguanos, eles são classificados como "pacíficos" —, e o "ritual" *yãkwa* ocupa um lugar central em suas vidas. Basta atentar para a descrição detalhada dessa grande festa para perceber que todos os esforços coletivos visam apaziguar os *yakairity*, convidados dos mais exigentes, de modo que seu temido ataque fatal seja como que adiado a cada festa bem-sucedida. Convidados perigosos como os *yakairity*, que classificamos como "espíritos" (Davi Kopenawa lembra sempre que a tradução não é boa), não são raros. Também os Wauja têm de satisfazer os *apapaatai* com grandes festas, para que não provoquem doenças. Os *yuxin* vêm por conta própria participar das festas kaxinawá e, se ficarem satisfeitos com o modo como são recebidos, garantem saúde e boas colheitas; se, ao contrário, ficarem ofendidos por falha de hospitalidade, podem querer se vingar. Os Manoki chegam a apanhar de vara dos "espíritos" *yetá*, caso estes fiquem descontentes com a comida que lhes é oferecida. Nesses casos, os convidados não parecem respeitar o código da hospitalidade mencionado anteriormente; pelo contrário, comportam-se como inimigos especialmente perigosos. Se não forem bem recebidos por uma boa festa, é guerra. Outros convidados respeitam a regra de "não reclamar", mas nem por isso são menos exigentes. Os convidados às festas wari, por exemplo, "entre si, reclamam da pouca quantidade de comida, apesar de comerem quase sem parar". Os convidados a um *potlatch* não batem em seus anfitriões nem reclamam caso os considerem sovinas ou desgostem da comida ou do espetáculo, mas vão espalhando a notícia depois de voltarem e podem acabar com a "carreira" de um chefe e a reputação de seu grupo. Certamente ficam ofendidos pela falha de hospitalidade, como os *yuxin* e os *yetá*. Do mesmo modo, um "rei" dos Andes incaicos podia temer a insatisfação da "multidão reunida para uma festa da colheita".

A preparação das festas começa, em todos os casos, com antecedência, às vezes de meses ou até anos. Todo o grupo anfitrião participa ativamente da produção do evento. Há casos em que a própria roça é plantada logo após a decisão de dar uma festa; outras estão plantadas antes de uma festa ser marcada, já destinadas a ela. As caçadas e pescarias para as festas também podem ser demoradas. Em alguns casos há receitas específicas de festa, e, mesmo que não haja, a receita geral é a abundância. É preciso produzir e conservar em grandes quantidades, almejando garantir que todos possam fartar-se. Além da comida e da bebida, os presentes (brindes para os convidados, analisados como trocas de bens no plano da economia e muitas vezes considerados acessórios de rituais) e as apresentações e competições envolvem a coleta de matérias-primas específicas. Os corpos dos executantes precisam ser preparados, e é preciso ensaiar, o que envolve mestres de canto, de música e de dança — todas pessoas de prestígio, lideranças entre os índios. A decoração é sobretudo apurada nos corpos, por assim dizer, mas os "salões de festa" também têm de estar impecáveis. Em muitos casos, a realização da festa supõe a construção de locais para abrigar os participantes, sejam eles anfitriões ou convidados. Estes, uma vez recebido o convite, começam a se preparar para o deslocamento, para as apresentações que farão, realizando expedições de coleta, confeccionando itens de vestuário, preparando os presentes que oferecerão. A dedicação ao preparo de festas toma parte considerável do tempo de todos os coletivos nativos; são muitos os casos em que se diz que quase toda a vida é dedicada a isso. Os espetáculos produzidos, tanto por anfitriões como por convidados, em composição e em oposição, sempre impressionam. Há lugares próprios para apresentá-los, "palcos" e "salões de festa": dos pátios centrais de aldeias aos "centros cerimoniais" estudados por historiadores e arqueólogos, na América nativa esses locais de encontro são centros dos movimentos coletivos. A proposta de tomar a festa como referência e recorte, em lugar de seccioná-la em aspectos econômicos, políticos, sociológicos e de encará-la a partir de teorias acerca do ritual, convida a (re)ver os ingredientes e protocolos de festa em conjunto, em suas inter-relações, em cada uma das variantes nas Américas.

Festas servem como marcadores temporais (e também espaciais). A memória histórica kaiowá se declina como uma série de festas, *guaxires*, e na Colúmbia Britânica os nomes de grandes anfitriões, que ofereceram belas festas, permanecem na memória, junto com os dos locais onde a festa foi oferecida. Serão lembradas e contadas as aldeias cujos convidados a festas guardam boas memórias. Há ainda a linha da guerra, evidentemente: memórias de combates, também trocadas nas festas, em falas elaboradas ou evocações entre amigos. De todo modo, cada batalha evocará suas festas e vice-versa. Assim como a história (incluindo a que qualificaríamos de "política") do Xingu é uma sucessão de *kwarups*, a do Alto Rio Negro se passa entre *juruparis* e *dabucuris*. Davi Kopenawa inicia várias narrativas com "um *reahu* na casa de x", como localização espaço-temporal. A memória detalhada de festas idas tem permitido a especialistas a reconstrução da história (em nossos termos) de grupos indígenas. Aos poucos, vamos entendendo melhor como os povos nativos das Américas pensam o que chamamos de história. Falam de permanências e recorrências ao longo do tempo (práticas e conhecimentos que herdaram de antepassados, transmitidas de geração em geração) e simultaneamente concebem tudo em transformação, sempre. Entre permanência e mudança, a dupla espiral. Tudo é evento, tudo é contexto, algo sempre se mantém. Como abertura para o evento, cada festa conforma um coletivo, sempre temporário e sempre composto de diferenças.

Todos os exemplos evocados mostram que a guerra não pode ser definida como modo de relação com o inimigo, ou festa como modo de relação com o aliado, já que ambas são feitas com amigos e com inimigos e ambas, a cada ocorrência, produzem e/ou transformam as relações de amizade e inimizade. De todo modo, como resume Marcio Silva, "uma equação do tipo 'inimigos' = 'etnias distintas', que teria como complemento lógico 'aliados' = 'mesma etnia', não se sustenta à luz das classificações nativas". Festa e guerra, essas duas grandes matrizes relacionais da vida coletiva dos povos nativos americanos, são como outros pares de "gêmeos desiguais" que povoam e informam suas filosofias: relacionados na diferença e por ela, não hierarquizáveis, em eterno desequilíbrio, indissociáveis.

"Mil anos de guerras, mil anos de festas!", desejou Clastres aos Yanomami.

TURMAS DE FESTA, TURMAS DE GUERRA

VINE DELORIA JR. COMENTOU, EM sua última entrevista, em 2005, o "pesadelo" que tem sido para os brancos tentar delimitar claramente os grupos nativos — nomear, localizar, determinar membros. A identificação das "unidades sociais" nativas é de fato um dos temas que têm ocupado gerações de etnólogos americanistas, com propostas diversas de denominação e definição do que seriam as unidades em cada caso considerado. É bastante frequente ler, em trabalhos especializados, que os coletivos nativos têm um caráter fluido, móvel, impreciso e instável. Talvez os povos nativos nos Estados Unidos tenham mantido a denominação de "tribo", apesar da carga negativa de "primitivismo", pela mesma razão que leva Davi Kopenawa a manter "espíritos": não há palavras nas línguas "de cá" para designar as formações coletivas nativas.

Muitos registros etnográficos assinalam que uma determinada tribo (ou etnia) só existe em contextos "rituais". É recorrente, nas Américas, o registro da existência de "bandos", "grupos familiares", que passavam grande parte do tempo separados uns dos outros, em lugares diferentes do território, e se juntavam em determinados períodos do ano. Nas Grandes Planícies norte-americanas, especialistas concordam em ver no complexo cerimonial chamado de Dança do Sol o único momento em que grupos dispersos se reuniam, a única cerimônia propriamente "tribal". Os "convites formais para participação em ritos" entre aldeias, observa Julio Cezar Melatti, parecem ser um dos fatores que mantêm a "tribo krahô" unida, já que esta "não dispõe de nenhum chefe, de nenhum conselho que tenha jurisdição sobre toda ela". Entre os Cheyenne, do mesmo modo, um especialista fala em "dispositivos rituais" que mantêm os grupos locais unidos. Bruce Albert qualifica os *reahu* yanomami como "cerimônias de aliança", em que várias trocas entre diferentes grupos são realizadas, "atualizando" relações supralocais. Entre os Iroqueses, os convites para as grandes reuniões juntavam sachems, chefes, guerreiros, mulheres e crianças em grandes números, de todas as regiões da liga, "do Hudson ao Niágara, do São Lourenço ao Susquehanna", nota Morgan. Os Iroqueses eram unidos numa liga, porque juntos faziam festas e guerras:

> O grau de interação social entre as nações da liga era muito maior do que pareceria à primeira vista. Em expedições de caça e de conquista e comparecendo [às reuniões de] conselhos, atravessavam todo o território. Suas trilhas entravam pela floresta em todas as direções, e seus caminhos principais eram tão batidos quanto as estradas que agora seguem as mesmas linhas. [...] Grande parte de suas interações sociais, especialmente entre as nações, ocorria em torno dos fogos de conselho. Os próprios conselhos faziam a união [...] forneciam as empolgações e recreações da vida dos índios, aliviando a monotonia da paz. Era neles que contavam seus feitos de guerra e escutavam a eloquência de seus chefes favoritos. Neles faziam suas demonstrações de respeito aos sachems falecidos e ilustres pelos serviços prestados e escutavam as leis e regras de seus ancestrais, explicadas por seus sábios durante a cerimônia de posse dos sucessores. Era também nessas ocasiões que promoviam seus jogos atléticos com zelo olímpico e se juntavam em danças nacionais, algumas delas indescritivelmente belas e animadas.

Por toda parte na América nativa, as redes coletivas são tecidas em reuniões de diferentes grupos; existem porque são continuamente reativadas por convites e festas e por elas transformadas.

O caso da Dança do Sol servirá de exemplo. Trata-se de uma festa compartilhada por várias "tribos" das planícies norte-americanas que, ao mesmo tempo, é distinta em cada uma delas e considerada distintiva por cada uma delas. Em suas realizações, grupos de línguas e costumes diversos se reúnem, de modo que, sendo eventos eminentemente "tribais", são por definição "intertribais". Festas de diferenças, sempre. *Potlatches* na Colúmbia Britânica, *kwarups* no Alto Rio Xingu e *dabucuris* no Alto Rio Negro apresentam o mesmo tipo de desafio a nossas classificações. Ocorre que não há uniformidade em qualquer escala: são sempre conjuntos de relações entre diferentes. Debates sobre as sociedades ditas "de metades" revelam essa dificuldade, inerente à busca de identidades onde tudo é relacionamento de diferenças. Entre os povos jê e os povos algonquianos — para mencionar dois conjuntos que se destacam nesses debates especializados —, cada pessoa é associada a um desses "partidos", como dizem os Timbira. Mas, onde buscamos partes equivalentes de um todo partido ao meio, as chamadas metades são diferentes uma da outra em múltiplos aspectos; onde buscamos unidades, há sempre composição de diversidades.

Quando se expressam em português, muitas vezes indígenas se referem ao "pessoal de x", sendo "x", em geral, uma referência ao local de residência do grupo ou o nome do fundador da aldeia, seu iniciador. Usam expressões desse tipo também para o que traduzimos como grupos locais, conglomerados residenciais, ou conjuntos como chefe da caçada/caçadores, chefe de guerra/guerreiros, chefe de festa/festeiros. "O pessoal de x ou y" também aparece em referência a vários tipos de movimentos coletivos, que em trabalhos especializados são divididos em denominações e planos analíticos diferentes. Em todos os casos, trata-se de conjuntos compostos de puxadores e seguidores, cujo tamanho, duração e finalidade variam. A mesma relação entre um puxador e seus seguidores, compondo uma turma, é percebida entre xamãs e seus aliados "invisíveis". Falar em "turmas" parece ser um bom modo de escapar das derivas essencialistas que, com tanta razão, foram apontadas no uso de palavras como "grupo" e, antes dele, "tribo" ou, ainda, "sociedade", impedindo a percepção das dinâmicas coletivas nativas nas Américas, obrigando a concluir que são fluidos e imprecisos esses agrupamentos que sempre atravessam nossas classificações. Turmas, porque alguém as reúne (e lhes empresta eventualmente o nome), porque pode-se pertencer a várias, porque podem durar horas ou anos, porque incorporam e perdem membros continuamente. Assim, a delimitação do conjunto de "membros de uma aldeia", por exemplo, longe de corresponder a um conjunto de pessoas de um lugar (como no caso da "naturalidade" em nossos documentos), enfrenta de saída o desafio de sempre haver nos agrupamentos de corresidentes gente reconhecida como "do lugar" e gente vinda "de fora". Sem falar nos visitantes temporários, que às vezes ficam por muito tempo, como no caso crow contado por Lowie. São conjuntos de corresidentes os anfitriões das festas que, oferecidas a outras turmas, de outros lugares, fazem as turmas maiores, conformando proximidades e distâncias.

Vários problemas na localização, na denominação e na classificação dessas turmas podem ser encarados de outro modo se tomarmos festa/guerra como matrizes relacionais: ambas têm duração limitada, sua composição demográfica não é fixa; os grupos formados por uma festa não têm nome e tampouco existem para além de cada festa. Em ambos os casos, os grupos são compostos de diferenças — estamos longe de nossas ideias de unidades e identidades. A matriz comum a essas turmas poderia ser vista na relação entre anfitrião e convidado: um chama, vai à frente, oferece algo; uns aceitam o convite, recebem algo. Anfitrião não manda, tem obrigação de zelar pelo bom relacionamento entre os que reúne, é responsável tanto pela existência do grupo quanto por cada um de seus participantes. Seu prestígio atrai seguidores, tanto mais numerosos quanto forem boas as vivências que propicia.

"Segundo entendo", diz Tânia Stolze Lima a respeito dos Yudjá, "as pessoas concebem a existência de uma aldeia como uma atividade coletiva que difere de outras apenas por sua maior duração". Prosseguindo nesse sentido, poderíamos conceber "aldeias", "grupos locais" e demais "turmas", associadas a uma chefia, como festas das quais essa pessoa seria o "dono". *Merõpakandé* é a palavra kisêdjê que traduzimos por "chefe" ou "líder político" e "traduz-se literalmente por 'dono-controlador do local onde os Suyá vivem em grupo'", informa Anthony Seeger — um exemplo, entre muitos, em que a palavra "controlador" poderia (ou deveria?) ser substituída por "cuidador". Todas as turmas são conjuntos de pessoas temporariamente reunidas por alguém que as "puxa" e fica encarregado de mantê-las "vivendo bem", com alegria, concórdia e fartura. No caso dos que chamamos de chefes de aldeia, é preciso estar disposto a bancar muitas festas ao longo de anos para permanecer na função de dono-cuidador da aldeia e para ser lembrado como exemplo de pessoa.

A fama de uma aldeia e de seu grupo é a memória de suas boas festas, guardada e difundida pelos convidados, aos quais é sempre preciso agradar, como já mencionado. Associando por outra via aldeias e festas, Melatti esclarece que "a aldeia [krahô] é o grupo que promove os ritos", mencionando em seguida as dificuldades, apontadas pelos Krahô, de fazer festas e corridas de toras com pouca gente e a falta de "movimento" como uma das razões para aldeias menores se fundirem às maiores. Mas é difícil uma aldeia grande, bonita, boa para fazer festas grandes, se manter: acaba dando briga. Nesses casos, a aldeia se cinde, e, se os desentendimentos não forem demasiado graves, os dois grupos, antes anfitriões em conjunto, passam a receber um ao outro. Nesses movimentos de fissão e fusão, o número de aldeias é variável no decorrer do tempo. Falando dos Nambikwara, Lévi-Strauss observa movimentos que caracterizam a vida social da maior parte dos coletivos nativos (se não todos):

> A estrutura social nambikwara parece estar em constante movimento. Os bandos se formam, se desorganizam, crescem e desaparecem. Em questão de meses, às vezes, sua composição, número e distribuição tornam-se irreconhecíveis. Intrigas políticas no interior de cada bando e conflitos entre bandos diferentes impõem seu ritmo a essas flutuações, e as ascensões e quedas de indivíduos e grupos se seguem de modo surpreendente.

Diante de uma formulação em que prevalece uma linguagem de guerra, sou levada a acrescentar que o ritmo dessas flutuações não é menos "imposto" por movimentos de conjunção — festas. Como os grupos, toda festa é temporária, exceto aquelas prometidas pelos grandes *karai* tupi da costa brasileira, eternas, precisamente por não serem deste mundo. Também é só festa na aldeia dos mortos, dizem os Krahô. Cá na terra, a vida é feita de festa e guerra. E é preciso sempre haver pelo menos outro grupo, com o qual seja possível trocar convites para festas e nelas se apresentar e apreciar as apresentações uns dos outros; caso contrário, não há vida social possível. A ideia de uma "aldeia global" fica (ainda mais) assustadora quando vista dessa perspectiva.

No Nordeste do Brasil fala-se em "etnogênese" a respeito de grupos indígenas cuja existência foi ignorada pela chamada "sociedade envolvente" (a ideia de cerco que a expressão evoca não deixa de ser apropriada) durante gerações. Nesses processos, é fundamental a busca por uma "festa" a distinguir o grupo, caso não tenha restado das tradições de seus antigos nem uma brasa que possa ser reavivada. Em mais de um caso são adotadas festas de outros grupos indígenas, e há quem veja aí uma espécie de falsidade. Nada mais enganoso: são propriamente — tradicionalmente — indígenas os modos e os motivos envolvidos. Festas são aprendidas com gentes outras, é em festa que se fazem coletivos, e cada coletivo tem sua festa a ser oferecida a outros, seus convidados.

O frei André Thevet, que esteve entre os Tupi da Guanabara no século XVI e é autor de importantes fontes, afirma que não havia "trégua" nem "pacto" entre os diversos grupos nativos; reafirma, assim, a ideia da guerra contínua, da suprema belicosidade. Thevet certamente não podia ver nada que se assemelhasse a nossos tratados entre nações (ou reinos, no tempo dele); contudo, cada festa bem-sucedida fazia ou refazia alianças e, nesse sentido, equivalia a um pacto. No sentido contrário, cada festa envolve o risco de transformação de aliados anteriores ou possíveis em inimigos declarados, se desandar. Só se fazem festa e guerra com diferenças, e novas diferenças surgem a cada festa e a cada guerra. Se há sempre uma guerra em andamento, isso não significa que a vida se reduza a uma guerra interminável. A festa não pode ser, para os povos nativos das Américas, como disse Durkheim da religião, "a sociedade celebrando a si mesma": não há ali "uma" sociedade, e a "celebração", longe de ser afirmação do ser da sociedade, como pensava ele, é abertura para os outros, para a transformação e para o evento.

Por isso sempre foi tão difícil determinar as "unidades" nativas — em perpétua mutação e apenas manifestas na oposição em blocos contextualmente dados de amigos e inimigos, eles mesmos feitos de diferenças. Lowie, em seu artigo intitulado "Aspectos da organização política dos aborígenes americanos", já evocado, chama a atenção para características de confederações como a creek e a iroquesa que ecoam a filosofia da chefia evocada anteriormente e exemplificam o caráter não unitário dos coletivos nativos. Conta que uma das tribos creek, os Kachita, fez amizade com os Chickasaw e, quando estes entraram em guerra contra a confederação creek em 1793, se recusaram a lutar ao lado dos demais Creek contra os Chickasaw; do mesmo modo, na Guerra de Independência dos Estados Unidos, os Iroqueses se dividiram: uns ficaram do lado dos colonos, outros dos britânicos. Em ambos os casos, foi reconhecido a cada grupo o direito de agir de modo independente. A liga asteca tampouco conformava uma "unidade"; as cidades de Tenochtitlán e Tlatelolco permaneceram independentes e assumiram campos opostos diante dos espanhóis. Na América nativa, assim como cada pessoa, nenhum grupo é obrigado a nada; ninguém está sujeito às decisões de outrem, e todos verão respeitado seu direito de se aliar a quem quiserem e de retomar ou romper antigas alianças conforme lhes parecer.

Tudo indica que não é possível entender aldeias, grupos locais, ligas ou confederações nativas americanas desconsiderando a dinâmica, os movimentos de festas e guerras. Em cada contexto temporal e espacial, a história oral distingue anfitriões e convidados a festas, assim como as turmas que se enfrentam como contrárias. As turmas mudam, mudam seus modos de festa e suas batalhas, e os nomes, quando existem, têm a duração limitada dos coletivos festeiros e guerreiros. Lowie dizia, no artigo citado anteriormente, que não havia "mutação súbita" entre a "condição" dos Ona (com dezenas de grupos pequenos e totalmente independentes, qualificados como anárquicos) e a dos Inca, pensando uma linha evolutiva dos sistemas políticos na qual as confederações ocupariam um estágio intermediário. Nas sociedades ditas estratificadas, como as da Colúmbia Britânica, Lowie nota a proximidade em relação a sociedades americanas que vemos como igualitárias: chefes sem poder. Por outro lado, ele destaca sistemas políticos "atípicos" nas Américas, nos quais se pode perceber real poder de mando, centralização e concentração de riquezas; entre os exemplos que menciona estão os Inca e os Chibcha, na América do Sul, e os Powhatan e os Natchez na América do Norte. Esses exemplos nos impediriam de afirmar que a filosofia da chefia apresentada anteriormente seja compartilhada por todos os povos do continente, e nos levariam a concordar com Lowie quanto ao que seria "típico" ou "atípico" na América nativa. Mas esses casos têm sido descritos e entendidos em termos próprios à tradição ocidental; revê-los a partir dos princípios e das categorias que emergem de diferentes povos nativos da América, com lentes americanas e não europeias, há de ser iluminador e gerar novas questões. Já foram mencionados alguns paralelos entre características de chefes de aldeias e ditos reis nas Américas. É digno de nota, como mencionado, que o Inca fosse tão obrigado quanto qualquer outro chefe nativo a garantir tranquilidade e fartura a seus seguidores (que chamamos súditos) e a lhes oferecer "grandes rituais". Na caracterização da relação entre o Inca e seus "súditos", fala-se em tributo-redistribuição, do mesmo modo que se fala em trabalho coletivo em roças "de chefe" cujo produto se destina à distribuição. Chama também a atenção o paralelo entre a caracterização do império inca como um "Estado de bem-estar social" e as obrigações de chefes nambikwara na descrição de Lévi-Strauss, de garantir alimento em situações de escassez. Enquanto puder garantir o bem-estar de todos, uma rede de pessoas ligadas por uma relação do tipo anfitrião/convidado pode, aparentemente, estender-se por milhares de quilômetros e abarcar milhões (no caso) de participantes. No que, afinal, era "investido" o tal tributo pago ao Inca senão no bem-estar de todos, em grandes festas coletivas?

Em termos de composição de coletivos, todas as formações indígenas poderiam ser vistas como variantes: do que chamamos de núcleo familiar ao que chamamos de grupo local, tribo, confederação ou império, nenhum coletivo na América nativa é um grupo "uno" e "homogêneo", todos são compostos de diferenças, todos são coligações, que se expandem, se contraem, se diversificam, se ligam e se desligam ao longo do tempo. Como tudo o que está vivo, os coletivos nativos mudam continuamente. Não cabem em nossas categorias de totalidades bem delimitadas e fixas. São continuamente transformados em movimentos de composição e de oposição, de festa e de guerra.

ANFITRIÕES E GUERREIROS

É COMUM ENTRE POVOS NATIVOS das Américas haver um conjunto de pessoas eminentes a que indígenas no Brasil se referem, em português, com o termo "lideranças". Tradução, mais uma vez, certeira: impessoal, coletivo, sempre plural. *Leadership* é comumente empregado por índios norte-americanos com o mesmo sentido. A liderança é sempre exercida por várias pessoas, em diversas posições, sempre multiplicada no seio de cada grupo. "O porta-voz de uma família é seu chefe, mas sempre há várias lideranças no sistema familiar, especialmente os anciões e anciãs. Nossos modos não permitem que sejamos governados por uma única pessoa", observa uma liderança lakota. Uma liderança kaiowá completa:

> A gente usa "liderança", porque "liderança" é sempre mais de um. Para nós não tem como ser líder sozinho, sempre é no coletivo, seja com a família, com a aldeia, com a retomada ou a escola. Isso de líder ou chefe é coisa de brancos. Não são vocês mesmos que têm aquele ditado: muito cacique para pouco índio? Então, quem inventou isso é quem quer ser líder sozinho. Para nós, Kaiowá, não tem como fazer isso, porque o nosso sistema é outro, vem desde o tempo dos antigos — do mito, como vocês falam.

No entanto, as lideranças nativas continuam sendo analisadas, isto é, separadas, em categorias que correspondem a nossas ideias. Chefes e xamãs são distintos, apesar de alertas como o do citado líder lakota: "Não acreditamos na separação entre Igreja e Estado; isso não faz sentido para nós". Tampouco faz sentido seguir supondo que uns lidam com "humanos" e outros com "espíritos". Em muitos casos, o xamanismo não é praticado exclusivamente por determinadas pessoas, e, mesmo quando isso ocorre, são numerosos os casos em que as mesmas pessoas exercem funções que distinguimos em chefes e xamãs, como entre os Yanomami e os Piaroa. Há vários casos como o dos Yawanawá, que dizem que essas funções devem ser desempenhadas por pessoas diferentes, mas existem muitos chefes-pajé. Joseph Medicine Crow, que recebeu do então presidente dos Estados Unidos Barack Obama a Medalha Presidencial da Liberdade em 2009, era chefe de guerra e xamã (*medicine-man*). A trajetória de Joe Medicine Crow merece um parêntese: por sua atuação na Segunda Guerra Mundial como batedor das forças estadunidenses na Alemanha, recebeu também a Estrela de Bronze, medalha concedida pelo exército, e o título de Cavaleiro da Legião de Honra da França. Herói de guerra reconhecido segundo parâmetros ocidentais, foi também o último chefe de guerra das Grandes Planícies, por ter cumprido durante a Segunda Guerra as quatro tarefas exigidas tradicionalmente pelos Crow para fazer jus ao título: tocar um inimigo sem matá-lo, tomar a arma de um inimigo, liderar um ataque de guerra bem-sucedido e roubar um cavalo inimigo. Pode-se imaginar a riqueza das reflexões desse herói de dois mundos a respeito das diferenças entre as guerras de brancos e de nativos. Joe Medicine Crow foi, antes disso, o primeiro de seu povo a obter um mestrado: titulou-se em antropologia. Ao retornar da Segunda Guerra, escreveu vários livros e deu muitas palestras, notadamente a respeito da batalha de Little Big Horn, vencida brilhantemente por uma coalizão de povos das Planícies em 1876, a qual conhecia desde jovem pelos relatos de um tio-avô que tomou parte no conflito.

Chefes-xamãs e chefes de guerra-xamãs não são raros na América indígena. Contudo, a etnologia americanista tem se dedicado cuidadosamente à revelação de conexões (e, portanto, distâncias) entre chefes e xamãs, replicadas em relações entre política e ritual, tudo inescapavelmente apoiado na distinção entre "homens" e "espíritos". Não são poucos os embaralhamentos que a manutenção dessas categorias provoca. Além do que separamos em chefes e xamãs, lideranças incluem mestras e mestres de canto, de dança, de histórias, de artes, de guerra e também professores e agentes indígenas de saúde — e, cada vez mais, acadêmicos nativos. São lideranças, também, os diversos grupos de pessoas eminentes em que costumamos ver "aristocracias". Entre os Timbira, fala-se em uma "ordem honorífica" que reúne grupos de pessoas que gozam de "estima pública e eminência cerimonial", como chefes de aldeia, líderes de classes de idade, meninas iniciadas com os meninos, preceptoras de moças e outros. No Alto Rio Negro, os conjuntos de "papéis de especialistas", como os chama Stephen Hugh-Jones — chefes, dançarinos, xamãs, guerreiros, que compõem coletivos —, ecoam listas de pessoas eminentes, designadas em conjunto como lideranças, de praticamente toda a América indígena. As classificações que costumamos aplicar confundem, as análises são levadas a falar em fronteiras "borradas" e indefinição, como no caso dos grupos. Lideranças são pessoas que puxam movimentos e vão na frente, que agem e orientam, em cada contexto, graças a conhecimentos/capacidades adquiridos e cuidadosamente cultivados. A preeminência de cada liderança depende do contexto específico em que sua capacidade específica é requerida: como as metades timbira, cada qual "no comando" durante a estação que lhe é associada, alternam-se, toda assimetria é contextual, e cada contexto tem seus "principais".

Tomando essas lideranças em conjunto, a distinção pertinente parece corresponder a dois modos de operação, ou duas funções: anfitrião e guerreiro — como sempre, combinadas, dosadas, em cada contexto. O temor que se associa a xamãs (termo que borra distinções nativas em muitos casos) é muitas vezes associado a guerreiros, por serem ambos matadores potenciais. Outros tantos exemplos exibem essa associação (entre guerra e ritual) no chefe, em algum "líder cerimonial", distinto (talvez não pelas boas razões) do "xamã", ou ainda nos próprios guerreiros, feitos e refeitos em festas. Se chefes, xamãs e outras tantas pessoas de prestígio parecem transitar entre a guerra e o que temos tratado como "ritual" ou entendido como "religioso" ou "político", é porque não são essas as distinções operantes. As lideranças desempenham suas várias atividades tanto em funções "anfitrião" quanto em funções "guerreiro"; assumindo o risco de toda fórmula reduzida, poderíamos dizer que anfitrião compõe, guerreiro opõe.

Na função guerreiro, chefes e xamãs combatem inimigos com a ajuda de amigos feitos e confirmados em festas. O xamã yanomami, explica Davi Kopenawa, promove na casa que tem no peito festas para os *xapiri*, cujo protocolo, tanto para o anfitrião como para os convidados, é exatamente o do *reahu*, a festa distintiva dos Yanomami: os *xapiripë* convidados pelo xamã dançam, como devem fazer todos os convidados, e, como todos os demais aliados, têm de ser saciados por um festim, oferecido pelo xamã anfitrião, que os alimenta e mantém felizes; os xamãs yudjá também são anfitriões de gente-espírito, e diz-se que os donos de espíritos kalapalo os "domesticam parcialmente", oferecendo-lhes comida e música; a sábia mazateca dança, bebe cerveja e conversa com os Seres Principais, a quem deve o conhecimento que lhe permite curar. Em caso de necessidade, o xamã marubo, na função guerreiro, canta para invocar seu exército de "espíritos auxiliares", armados de lanças, fogos, escudos e onças. São guerras diferentes daquelas movidas pelos demais guerreiros? Certamente não no sentido, por nós tomado como evidente, de que uns fazem guerra "espiritual" e os outros, guerra "real". A expressão "espírito auxiliar" não parece adequada. As legiões de aliados dos xamãs são seus convidados, que em festa "se confirmam nos ódios mútuos" aos inimigos compartilhados entre uma batalha e outra. O peito de muitos xamãs nativos é, como entre os Yanomami, casa de seus aliados não visíveis aos não iniciados, na qual estes são recebidos, alimentados, cuidados como devem ser todos os convidados, seguindo as regras gerais da hospitalidade já comentadas. No caso dos Marubo [Vale do Javari, Amazonas], em que toda pessoa é uma casa, o "chefe-xamã" poderia ser dito um salão de festas, frequentado por convidados que vêm dançar e por duplos que saem para participar de outras festas noutras pessoas-malocas. O xamanismo aparece também na função anfitrião quando opera curas e em todos os procedimentos de invocação de coisas boas para o grupo; mas nesse mesmo movimento o xamã é chefe de guerra, que convoca seus aliados para a defesa/proteção ou para um contra-ataque a seres inimigos, que atacam por conta própria ou são aliados de xamãs inimigos, do mesmo modo por eles levantados em guerra. Ainda que uma cura não pareça envolver diretamente uma batalha — frequentemente relatada, muitas vezes encenada — contra os inimigos que atacaram o paciente, toda doença é considerada como resultado de um ataque. O xamanismo aparece, em numerosos registros, como uma atuação guerreira considerada fundamental em qualquer tipo de guerra. Muitas vezes tratada como uma espécie de reforço místico ou simbólico para guerreiros visíveis, a atuação dos xamãs, ao que tudo indica, é de guerreiros propriamente, que travam batalhas paralelas e concomitantes em outro plano. Pois todo inimigo visível a todos traz consigo seus aliados de outros planos, quando vem para a guerra. Os *xarawaripë*, espíritos das epidemias, vêm com os brancos, são seus aliados na guerra e se parecem com os brancos, explica Davi Kopenawa. Como todas as outras gentes, portanto, os "espíritos" podem tanto ser aliados como inimigos, e as vizinhanças podem determinar alianças. Diz-se dos *jolok*, aliados invisíveis dos xamãs wayana, que,

> para além das particularidades, qualquer *jolok* de um xamã de determinado rio é potencialmente "bom" para as pessoas daquele rio e "mau" para os de outros rios. [...] os *jolok* se distinguem [entre] os que servem para curar, que são prestativos, ao passo que "os maus" são os que flecham. [...] sua qualificação depende de como o xamã o usa, da [localização relativa] de uma pessoa ao longo do rio.

Os *yolok* podem, assim, atuar como anfitriões-amigos para uns e guerreiros-inimigos para outros.

Comenta-se que, com o fim das guerras visíveis, seriam os xamãs os únicos matadores remanescentes. Em todos os casos, caberia perceber que as guerras travadas por xamãs só são "simbólicas" do ponto de vista "de cá". A distinção que fazemos entre gente deste mundo (com quem se faria política, coisa de chefe) e gente de outro mundo (religião, coisa de xamã) não opera — "não faz sentido para nós", como dizia o líder lakota. A diferença entre inimigos que todos veem e aqueles que em geral são invisíveis — ao comum dos mortais, ao não iniciado etc. — não corresponde à distinção da tradição ocidental entre seres "reais" e "sobrenaturais". Há certamente diferenças entre os entes que todos veem e aqueles que só são vistos por alguns, mas os nem sempre visíveis, digamos assim, também têm corpos, e isso bastaria para deslocar nossa percepção dos que chamamos de "espíritos". Em muitos casos, encontra-se o registro expresso de que os inimigos combatidos por xamãs com suas tropas de aliados se parecem com — e aparecem como — as pessoas que reconheceríamos como "reais" inimigos do grupo em questão. Também há registros de povos que viram "espíritos maléficos" transfigurados em inimigos — indígenas ou não — que classificamos como humanos. Os Wayana possuem uma categoria, *mekparé*, que congrega todos os seres agressivos — poderíamos dizer contrários: "inimigos em geral, xamãs quando executam ações consideradas deletérias, onças e gaviões, animais peçonhentos, seres sobrenaturais". A categoria pode parecer-nos "termo genérico", marcado pela indistinção, mas unicamente por incluir coisas que separamos: humanos/animais/sobrenaturais, flechas/feitiçaria/veneno, material-real/imaterial-sobrenatural etc. Na metafísica arara [Médio Rio Xingu], a categoria dos *udotpeem* também tem por critério a "contrariedade", e a lista junta o que separaríamos: são "seres que parecem gente, mas com os quais só se consegue estabelecer relações belicosas", antes espíritos do "lado de fora do céu", que assumiram a forma de inimigos humanos. São muitos os registros e histórias de antigos a respeito do perigo constante de ver como humanos gentes de outros planos que enganam com as piores intenções.

As considerações feitas anteriormente exibem o entrelaçamento constante entre atividades de festa e de guerra, e do mesmo modo a imbricação entre função anfitrião e função guerreiro; é preciso fazer festa para fazer guerra, é preciso ser anfitrião para ser guerreiro. A relação que aqui chamo de anfitrião é muitas vezes expressa por termos de parentesco; os Yanomami, por exemplo, falam dos xamãs como "pais" dos *xapiri*. "Pai", nesse caso, não é "genitor", obviamente, e poderia ser aproximado do que tem sido chamado de "dono", no sentido de alguém que faz crescer, que cuida, num campo relacional já destacado por americanistas. O vocabulário do parentesco é, como se sabe, amplamente utilizado para falar de relações em geral, mas a relação expressa pelo termo "de parentesco" não deveria ser remetida a seu sentido literal. Pelo contrário, caberia tomar a relação no campo do parentesco como variante, no conjunto de relações expressas por um mesmo termo ou, mais além, num conjunto mais amplo. Entre os Kalapalo, por exemplo, diz-se que os xamãs são "donos de espíritos", não seus "pais". O campo dos "donos" tem sido objeto de muita reflexão por parte dos americanistas: sabemos, assim, que não se trata de proprietário, que a relação evoca aquela entre sogro e genro mas também entre pai e filho e ainda envolve algo de amansamento, domesticação. Corresidentes, filhos, cativos, xerimbabos, cultivares, "espíritos auxiliares" encontram-se todos num mesmo campo relacional. Retiremos os divisores produtores de confusão e sobra o sentido de alguém que acolhe, anima, alimenta, faz viver, alguém que cuida: um anfitrião. Há de ser revelador entender donos, genitores, sogros, donos de festa, lideranças em geral como variantes num mesmo conjunto de transformações.

Lideranças desempenham tanto a função anfitrião como a função guerreiro, estabelecendo alianças com gentes diversas, fazendo festas e guerras em planos visíveis e invisíveis, seguindo os mesmos protocolos. As relações sociais são operadas do mesmo modo: caso precise de ajuda, o xamã, como o chefe, poderá contar com aqueles dos quais tenha cuidado, zelando por seu bem-estar, como bom anfitrião. A leitura pela chave festa/guerra reforçaria, por novas vias, a impropriedade da distinção entre "modernidades" e "tradições". Os agentes indígenas de saúde (AIS), por exemplo, são guerreiros especializados em inimigos tão invisíveis aos comuns quanto os combatidos pelos xamãs, mas desconhecidos pelos aliados destes. Doenças de branco exigem remédios de branco; nada mais lógico. Os inimigos combatidos por esses guerreiros são agentes maléficos portadores de doença e morte. Conforme o tempo passa e mais AIS são formados, mais esses inimigos que vêm com os brancos se tornam visíveis para eles, que sabem operar com remédios como aliados e dominam as técnicas de localização e combate aos inimigos causadores de certas doenças. O microscópio do AIS é, assim, comparável ao tabaco ou *yãkoana* do xamã em sua função curador, como tecnologia de guerra. São ambos análogos de bordunas e flechas de guerreiros que combatem outros tipos de contrários. E, visto que muitas guerras hoje são "de palavras", o domínio das línguas de colonizadores se junta ao grupo de transformação. Teremos aí todas as "lideranças", as que consideramos como "tradicionais" e aquelas que por vezes tendemos a distinguir por sua origem externa e sabidamente recente. De fato, nada do que sabemos atualmente a respeito desses povos "abertos para o outro", movidos pela alteração (transformação pelo outro), sustenta a distinção.

A diferença entre guerreiro e anfitrião é precisamente a que Lowie apontava entre o que chamava de "chefes de paz" e "chefes de guerra". Já que aqui não é "paz" o contrário de "guerra", o primeiro poderia ser chamado "chefe de festa". Um é anfitrião que acolhe, o outro, o guerreiro que vai na frente; um convida, o outro é seguido; um pacifica, o outro incita; ambos iniciam o movimento; um é círculo, outro é reta. Função guerreiro e função anfitrião podem ser deliberadamente separadas, caso em que serão distintos "chefes de guerra" e "chefes de paz", assim como "xamãs de guerra" e "xamãs de benzimento". Em grande parte dos casos amazônicos (Yanomami, Wajãpi, Wayana-Aparai etc.), como entre os Jê, chefes podem ser ambos (anfitriões e guerreiros), mas alternadamente. Em outras palavras, a distinção opera mesmo nas lideranças que acumulam os papéis, e se manifesta como alternância. A alternância entre função anfitrião e função guerreiro permite entender, por exemplo, que o "líder político [suyá] [seja] ao mesmo tempo representante do homem ideal [...] e também alguém que é considerado amedrontador, imprevisivelmente belicoso". Já os Ikpeng [Xingu], como os Pawnee [Oklahoma, Estados Unidos], Navajo, Cherokee e Creek, consideram que as funções de chefe de guerra e chefe de paz (guerreiro e anfitrião) são incompatíveis e não devem jamais ser assumidas pela mesma pessoa. Em pawnee, a mesma palavra designa o líder do grupo e o líder guerreiro — a palavra, *weblu*, pode ser traduzida como "o fornecedor", por sinal. Os Modoc [Califórnia, Estados Unidos] também possuíam dois chefes, um "civil" e um "de guerra", assim como os Muskogee, entre os quais o primeiro "recebia embaixadores, negociava tratados, distribuía os alimentos armazenados e determinava as datas de festa para celebrar caçadas bem-sucedidas". Nos povos alto-xinguanos, oposição e complementaridade entre as funções guerreiro e anfitrião se traduzem, por exemplo, na estrita proibição, para um chefe, de fazer acusações, o que o obriga a trabalhar junto com um xamã, autorizado a fazê-las. Quem reúne e faz festa não pode desempenhar concomitantemente função de guerreiro. O que Morgan informa a respeito dos Iroqueses parece expressar um princípio compartilhado:

> Os poderes e deveres dos sachems e chefes eram de caráter inteiramente civil, e restritos, por suas leis orgânicas, a assuntos de paz. Nenhum sachem podia partir para a guerra em sua capacidade oficial, como autoridade civil. Se estivesse decidido a tomar o caminho da guerra, deixava seu cargo civil durante esse tempo e tornava-se um guerreiro comum.

A distinção é nativa e aparece mesmo quando não se quer vê-la. Em certos casos, marca posições: especialistas de guerra e especialistas de festa não se confundem, chefe de guerra não pode ser chefe de paz, curador não é feiticeiro. As funções anfitrião e guerreiro podem ser "sociologicamente" separadas: um cuida de congregar, alimentar e alegrar, outro da igualmente fundamental tarefa de dispersar, matar, fazer chorar (os inimigos). Nos casos em que as duas funções podem ser exercidas por uma mesma pessoa, xamã "é bom e é ruim", como sabiamente observou o finado cacique wayana João Aranha. Chefes têm cheiro de jaguar ou de alguma outra coisa que não combina com festa. Aos chefes de festa cabe manter sob controle o ímpeto guerreiro, tanto em si como nos seus. Ainda que a mesma pessoa possa cumprir alternadamente ambos os papéis, sua relação com os "seus" ou seus "outros" não é a mesma em cada caso. A função anfitrião supõe, na contramão da predação e da morte, o consumo e a festa, a alegria entre aliados, cuja amizade se vê confirmada para uma eventual guerra contra inimigos.

POLÍTICA DE BRANCO

PARA NÓS, A POLÍTICA É OUTRA COISA

— Davi Kopenawa

FOI MÁRIO JURUNA O PRIMEIRO indígena, no Brasil, a ganhar notoriedade por sua participação na política nacional, na qualidade de deputado federal. Como outros antes dele, em cargos municipais, ele buscava, na atuação política, agora em âmbito nacional, um modo de lutar pelos direitos dos povos indígenas. Neste século XXI, a participação de indígenas na política brasileira tem crescido de modo notável, tanto como eleitores quanto como candidatas e candidatos. Em 2023, pela primeira vez, foi nomeada uma ministra indígena e uma presidenta indígena da Funai, rebatizada como Fundação Nacional dos Povos Indígenas.

Juruna é lembrado pelo gravador com que chamava a atenção para o hábito dos brancos de "mentir muito", fazendo falsas promessas — e nisso repetia o que numerosas lideranças indígenas diziam, havia séculos, a respeito de numerosos tratados desrespeitados na América do Norte. Diferenças fundamentais entre o que chamamos de "política" e os princípios nativos de operar coletivos aparecem nas reflexões de Juruna, assim como na afirmação de Davi Kopenawa e no emprego que indígenas fazem da palavra "política" e seus derivados — ressaltando que a palavra é uma daquelas que não têm correspondente em suas línguas. Dizem, por exemplo, que "é muita política" para se referir a ambientes de discussão, ou que são "bons de política" os que se destacam no movimento indígena. "Bom de política" é sinônimo de "bom de briga". Muitas vezes dizem "política" quando se referem ao que assim denominamos; frequentemente declaram que é coisa de branco e parecem reservar o termo a atitudes que percebem como opostas às que cultivam sua ética das interações. São recorrentes afirmações de que o fato de haver "política" ou "muita política" em instituições públicas que deveriam ajudar os indígenas faz com que acabem sendo prejudicados. Entre os Kaiowá, "política" aparece como coisa ruim, *tekovaí*, o oposto do "viver bem/do nosso jeito/do jeito bom". Para os Miskitu [Nicarágua], "viver bem" supõe a ausência do que chamam de *politics*, em inglês (sua segunda língua); o etnólogo que nos dá essa informação registra ainda que, quando alguém declara "não gostar da *política* de alguém", isso significa "que não gosta do modo como tal pessoa usa ou manipula outras ou se comporta em relação a elas". Do mesmo modo, um ex-chefe chinook [Washington, Estados Unidos], falando de formas políticas "tradicionais", diz que sempre houve conflitos, mas "agora existe muita política tribal" — "é triste, mas é verdade", lamenta. Um líder lakota também lamenta, usando o adjetivo para o resultado da imposição de formas brancas de governo: "Nossos sistemas tornaram-se políticos, mais do que relacionais". É digna de nota a oposição entre "político" e "relacional".

O seguinte registro, feito no final do século XIX a respeito dos últimos grupos de Cheyenne livres, encontra ecos exatos em todos os pontos do continente; descreve práticas "de assembleia" e "comportamentos políticos" radicalmente opostos aos "de cá":

> [Os] conselhos eram conduzidos com muita formalidade e um grau de cortesia dificilmente superável. O assunto do conselho era em geral conhecido de antemão e já havia sido debatido em alguma medida. Uma vez presentes todos os chefes, seguiam-se alguns minutos de silêncio; então um dos velhos se levantava e introduzia o assunto em questão. Suas observações

> eram seguidas por um breve silêncio, para reflexão, e então outro velho se levantava, e o debate prosseguia. Às vezes havia diferenças de opinião enormes entre os presentes, mas cada um deles era escutado com atenção e respeito. Mesmo que o debate ficasse sério, ninguém jamais interrompia um orador e nunca ocorria nada que se parecesse com uma briga.

Sobre o Conselho dos Huron, em meados do século XVIII, Charlevoix observava:

> Nessas assembleias se procede com uma sabedoria, uma maturidade, uma habilidade, eu diria até que teriam sido apreciadas no Aerófago de Atenas e no Senado de Roma, nos mais belos dias dessas repúblicas. Pois nada é nelas decidido precipitadamente, e as grandes paixões que tanto têm afetado a política, mesmo entre cristãos, ainda não prevalecem sobre o bem público nesses selvagens.

Entre os povos nativos das Américas, as decisões coletivas são ponderadas, baseadas na escuta respeitosa de todos, tradicionalmente tomadas por consenso. Quando falamos em consenso, em vários casos a palavra ou expressão nativa pode ser glosada como "pensar junto". Conta-se que os Comanche e os Cree tinham por costume conversar sobre as questões que exigiam a tomada de uma decisão até atingir a concordância de todos; o conselho tribal lakota, composto de "ex-chefes, caçadores, guerreiros e xamãs [ou seja, lideranças], só podia agir por consenso"; entre os Navajo, diz-se que "os *Naat'anii*, chefes de paz, só atuavam como figuras de autoridade locais depois de o grupo ter discutido e chegado a um consenso", e o "consenso do povo" era igualmente imprescindível para destituir um líder; entre os Onondaga, as decisões finais eram unânimes, o que significava que "todos os pontos de vista deviam ser levados em conta" e, finalmente, que nenhuma decisão correspondia à vontade de poucos nem da maioria, mas à vontade de todos; como entre os demais Iroqueses, "a unanimidade era a lei fundamental": a liga só tomava uma decisão depois de atingido o consenso, e este devia corresponder a unanimidades previamente atingidas em cada grupo, de que cada sachem era porta-voz. O consenso, dizia Lévi-Strauss a respeito dos Nambikwara, é "ao mesmo tempo a origem e o limite da liderança".

Nas descrições do conselho iroquês, afirmações do caráter imprescindível da unanimidade são frequentemente transformadas em afirmações de que "cada tribo tinha poder de veto". Nesse caso, também a formulação enquadra práticas de povos não ocidentais — aqui, processos de tomada de decisão — em categorias e usos ocidentais — de nossa política, no caso. Não se trata de veto nem de voto; fundamental é que as decisões sejam unânimes. A partir da consideração de casos norte-americanos, conclui um acadêmico nativo: "Ideias como governo de maioria e direitos de minorias não eram conceitos políticos usados em sistemas de governo [dos índios]. As tribos tomavam decisões baseadas no consenso. [...] E, como a unanimidade era necessária, o dissenso e o conflito eram evitados". A evitação do confronto também se expressa em processos de fissão de grupos — melhor separar do que brigar — e na história evocada por Clastres, do chefe que queria bancar o chefe e um belo dia acordou numa aldeia vazia.

Em depoimento, um líder lakota reafirma:

> Quando o governo dos Estados Unidos impôs estruturas de governo e liderança ao nosso povo [...] a qualidade de nossas estruturas começou a ruir. As decisões passaram a ser por voto de maioria, não por consenso. Líderes tribais agora são designados por voto popular, e isso dá lugar a tipos ruins de política, em vez da sabedoria mesurada dos anciões. Não há mais chefes. Na verdade, nunca tivemos chefes; tínhamos líderes que tomavam decisões pelo consenso do povo.

Em resposta a perguntas sobre lideranças tradicionais e atuais, um jovem indígena norte-americano lista valores tradicionais que embasavam as lideranças: "Humildade, generosidade, harmonia, cooperação, família, hospitalidade, coragem, relacionamento e reciprocidade com todos os seres, tolerância e direcionamento por consenso", que também constam da lista de valores da página do Centro Nativo Americano da Família e Juventude (Naya).

A disparidade entre os "modos tradicionais de governo" — expressão comumente utilizada por acadêmicos nativos norte-americanos — e modos de organização política impostos aos índios pela América afora, fundados no modelo eleitoral, fica clara em declarações e práticas. Os Seneca, uma das nações iroquesas, criaram, em 1848, a República Seneca e adotaram uma constituição que estabelecia um conselho de dezoito membros, eleito anualmente por voto masculino. As mudanças "alteravam princípios básicos da cultura seneca", notadamente no que diz respeito à participação das mulheres, e provocaram a fissão do grupo em dois partidos, o dos

Antigos Chefes e o do Novo Governo, estes defensores do sistema eleitoral recém-adotado. Em 1867, os Muskogee também adotaram uma constituição fundada no modelo norte-americano, e novamente o sistema de voto estava no centro do problema — aqui, por outra razão:

> Uma das maiores mudanças trazidas pela constituição [muskogee] de 1867 era o sistema do voto secreto. No sistema tradicional, as nomeações deviam ser anunciadas nas reuniões do conselho, e os nomeados se levantavam, cercados por seus apoiadores. A transparência e a responsabilidade pelas próprias opiniões eram elementos importantíssimos da sociedade tradicional muskogee. Muitos muskogee consideraram o sistema do voto secreto como um grave afastamento das práticas tradicionais.

Após mais de um século de tentativas de adaptação aos modos democráticos "modernos", vários grupos norte-americanos têm cada vez mais desejado recuperar práticas de assembleia de seus antepassados. Entre os Sliammon, por exemplo, um projeto nesse sentido propõe que as decisões voltem a ser tomadas por consenso e aponta os efeitos negativos da forma eleição que lhes foi imposta, provocando divisão, desconfiança e ideias que levam ao conflito — ou seja, todo o contrário do que rezava a ética "política" tradicional. "É difícil voltar aos antigos usos, especialmente no que diz respeito à liderança. Perdemos muito de nossa cultura, língua e valores, [que] incluem liderança por consenso, humildade, liderança escolhida nas famílias, generosidade e compartilhamento [...] e compaixão", observou com tristeza um casal lakota.

No Brasil, registram-se casos análogos de transformação imposta. Entre os Kaiowá, conta Spensy Pimentel,

> soluções importadas, como as eleições e o estabelecimento de mandatos fixos, limitados, vão sendo adaptadas (traduzidas) [...]. Há aldeias que organizam processos de eleição do cargo de capitão; outras que já aderiram à forma conselho imposta, em alguns casos, pela Funai em dados momentos e, em outros, por iniciativa dos próprios indígenas [...]. Onde há eleição, varia-se entre o consenso e o voto por maioria e entre um mandato predefinido ou não. Quase sempre, está posta a possibilidade de revogação automática.

Como observa em nota o autor, a última característica do "mandato revogável a qualquer momento" é "uma espécie de tabu para a democracia liberal — mas não para os sistemas ameríndios". Nesses experimentos em curso, pode bem ser que ocorram dificuldades análogas às encontradas por índios nos Estados Unidos, no sistema de eleições e no voto por maioria. Pimentel elenca uma série delas e descreve como festas as grandes assembleias Aty Guasu:

> Não há [...] noite [em que], logo após o fim da assembleia, que dura todo o dia, não se realize uma grande confraternização em torno das rodas de canto e dança. Grandes reuniões de rezadores presentes ao evento também acontecem e [...] os cantos [podem durar] até de madrugada. Em paralelo, os jovens se reúnem nas brincadeiras [...] que proporcionam muitas risadas, frequentemente, até o dia raiar [...] é fundamental que os

anfitriões da Aty Guasu forneçam a chicha necessária para o surgimento das rodas de dança.

Como já comentado, formas indígenas contemporâneas de assembleia, como oficinas e projetos, sempre ocorrem em contextos mais amplos de festas. As reuniões seguem sendo festas. Nesse plano da transformação, chamam a atenção paralelos entre descrições de reuniões de conselhos tribais criados no contexto das relações com Estados nacionais, como os Tribal Councils norte-americanos e as Aty Guasu, e as do Conselho dos Sachem. A comparação entre novas e antigas variantes de conselho entre os índios pode certamente acrescentar muito à nossa compreensão.

"Democracia é anticultura, é o modo de organização do branco", disse certa vez Sebastião Duarte, tukano, ex-liderança da Federação das Organizações Indígenas do Rio Negro (FOIRN), apontando a eleição como um de seus elementos. Em 2022, Sonia Guajajara e Eloy Terena — que em 2023 assumiram como ministra e secretário-executivo do recém-criado Ministério dos Povos Indígenas — declararam que a democracia é "da natureza" dos povos indígenas. À primeira vista, estaríamos diante de visões opostas, mas basta atentar para o que é em cada caso ressaltado quando se fala em democracia. Neste último caso, tomando a palavra em sua etimologia, declara-se a democracia como algo próprio de povos nativos americanos na medida em que, como dizem os autores, "caciques só tomam decisões depois de consultarem todas e todos em suas aldeias". No mesmo sentido, Morgan dizia que os Iroqueses eram o modelo da democracia, e essa inspiração nativa foi reconhecida pelos pais fundadores dos Estados Unidos da América. Entendida como governo do povo, com participação de todos os diferentes grupos que compõem um coletivo, a democracia é de fato da "natureza" das culturas nativas do continente. Entendida como governo da maioria, determinada por voto individual e secreto, é "anticultura", como diz Sebastião Duarte. O aspecto de representação política que caracteriza nossas práticas democráticas também poderia ser qualificado de "anticultura" de um ponto de vista nativo, já que, como comentado anteriormente, entre os povos indígenas das Américas, por definição, ninguém pode "falar por" outra pessoa, menos ainda decidir em seu lugar. A ideia de voto por consenso, central nos movimentos coletivos nativos, por sua vez, aparece ao Ocidente como suspeita, essencialmente antidemocrática.

O consenso tem um lugar central nas "falas públicas", "falas de chefe", relativas a "assuntos de interesse comum". Diz-se dos líderes comanche que "funcionavam basicamente como mediadores, promotores de consenso e anunciadores de decisões. Em geral não tinham nenhum ou quase nenhum poder de decisão, embora exercessem alguma influência". Líderes, entre povos nativos das Américas, são "promotores de consenso e anunciadores de decisões". Enquanto não se chega ao consenso, nenhuma decisão pode ser tomada, e nenhum porta-voz (chefe ou não) pode falar. Fontes britânicas do século XVIII registram a exasperação dos colonizadores em suas negociações com a Liga dos Iroqueses, sempre que se viam, ano após ano, diante de "representantes" que nada representavam e nada podiam decidir, e muitas vezes se apresentavam apenas para dizer que ainda não havia decisão — ou seja, não tinham chegado a um consenso. O orador onondaga citado no início deste livro respondia a uma reclamação desse tipo com educação e sabedoria. Segundo a ética dos movimentos coletivos nativos, não se decide por maioria, não se discute em público; as decisões podem levar muito tempo para emergir e então poderem ser declaradas por alguém.

Na versão (bem livre) que Clastres faz da fala de um líder guayaki, o consenso aparece claramente como fundamento de seu prestígio e matéria de sua oratória:

> Eu, Jyvukugi, sou seu *beerugi*, o seu chefe. Estou feliz em sê-lo, pois os Ache necessitam de um guia, e eu quero ser esse guia. Provei o prazer de dirigi-los e quero prolongar esse prazer. Continuarei a desfrutá-lo enquanto vocês me reconhecerem como seu chefe. Vou eu impor à força esse reconhecimento, entrar em luta com vocês, confundir a lei de meu desejo com a lei do grupo, a fim de que vocês façam o que eu quero? Não, pois esta violência não me serviria de nada: vocês recusariam essa subversão, vocês cessariam, no mesmo instante, de ver em mim seu *beerugi*, vocês escolheriam um outro, e minha queda seria tão mais dolorosa que, rejeitado por todos, eu seria condenado à solidão. O reconhecimento que sem cessar devo solicitar de vocês, irei obter não pelo conflito, mas pela paz; não da violência, mas da palavra. Eis por que eu falo, faço o que vocês querem, pois a lei do grupo é aquela de meu desejo; vocês desejam saber quem sou eu: eu falo, me escutam, eu sou o chefe.

Raoni Metuktire comenta que em algumas ocasiões tentou convencer os seus a agirem de certos modos, mas não conseguiu: "Como chefe, devo seguir a opinião dos outros". Valdomiro Krak reafirmava a incompatibilidade entre o "decreto" e a liderança quando fazia questão da concordância "da comunidade toda" para suceder a seu pai, Diniz, como chefe da aldeia krahô do Rio Vermelho. Não lhe bastava que o pai lhe "entregasse" o cargo, de modo que este "combinou com a turma" e, quando todos "ficaram de acordo", entregou a chefia para o filho. Como já comentado, para que possam congregar seguidores, ser chefes, é preciso que filhos de chefes tenham as qualidades exigidas, cultivadas desde pequenos. Entre elas, capacidades oratórias de composição e de oposição.

Duelos/duetos verbais são extremamente desenvolvidos entre povos nativos americanos. Costumamos chamá-los "cerimoniais", pois supõem conhecimento e correta execução de estritos e complexos protocolos, compartilhados por ambos os participantes. Do diálogo cativo/matador entre os Tupi da costa brasileira aos diálogos dos Achuar [Equador], é possível discernir nesses gêneros oratórios — e noutros gêneros de falas — movimentos de oposição e de composição, diferentemente dispostos e dosados. Mesmo "falas duras", como dizem os Wajãpi, que chefes devem ser capazes de fazer (em sua função guerreiro), podem ser utilizadas para evitar conflitos (na função anfitrião). Também para pensar as artes oratórias, a dupla "festa e guerra" pode inspirar novas compreensões. De modo geral, os povos das Américas procuram evitar confrontos verbais cara a cara e, como os Tiriyó [presentes no Pará e no Suriname], não costumam gostar de pessoas que falam muito alto.

Os mecanismos do consenso supõem um sem-número de conversas ao pé do fogo, visitas, apresentações de pontos de vista, argumentações e processos de convencimento que não ocorrem no que vemos como "espaço público". Assim, a "política", entendida como processo de debate e decisão da "coisa pública", não ocorre no que nos parecem ser as ágoras ameríndias — onde são feitas declarações públicas. As conversas ocorrem em contextos que classificamos como domésticos, familiares, privados e informais, em que as mulheres, que a nós parecem eclipsadas ou simplesmente alijadas da "política", sempre têm um papel central. Não é nas reuniões masculinas, nas pequenas e nas grandes assembleias de chefes ou anciãos que ocorre o "debate político". Nesses contextos, trata-se de propor ou de anunciar decisões já fartamente conversadas. Daí não haver bate-boca nas "ágoras" ameríndias. Daí utilizarem o termo ocidental "política" e suas variantes como sinônimo de discussão e dissenso, ligado a uma (falta de) etiqueta de oposição e imposição pública. A nossa política é mesmo fundada numa concepção belicosa, e sua oratória aparece, por comparação, como mais feita de fala de oposição do que de fala de congregação. Do ponto de vista dos princípios nativos de operar coletivos, nossa política só pode aparecer como modo ruim, já que supõe a manutenção de um estado constante de oposição entre pessoas que se entendem como membros de um mesmo coletivo-país. Em lugar de cultivarmos o apaziguamento e a concordância, afirmamos que a discordância é salutar.

ALEGRIA,
ALEGRIA!

HISTÓRIAS CONTADAS POR VÁRIOS POVOS indígenas falam de uma pessoa que respondeu a um determinado chamado, contrariando instruções que recebera; desde então, as pessoas são mortais. Muitas histórias de antigos contam como a morte apareceu e, com ela, a vida finita que todos os viventes conhecemos. Desde então, a tristeza não pode ser evitada. Muitos dos eventos coletivos que reúno na categoria "festa" têm por razão principal honrar os mortos, e, nesse sentido, indígenas bororo e alto-xinguanos têm dito, em português, que seus funerais não são festas. Choram-se ausentes e mortos pela América, muitas vezes em elaboradas formas de "chorocanto". Os funerais não correspondem ao que poderíamos chamar de "festa" segundo a definição corrente de "reunião alegre para as pessoas se divertirem", e é certamente nisso que pensam os que questionam essa tradução. Correspondem, contudo, a variantes do que aqui proponho chamar de "matriz relacional festa": relação entre diferentes, anfitriões e convidados, oferecimento de comida, competições, cantos, danças, apresentações, trocas de todos os tipos. De todo modo, como pondera uma jovem indígena norte-americana, "para os povos nativos, mesmo em tempos de muita alegria há muita tristeza; mesmo em tempos de muita tristeza, há muita alegria".

Entre os Crow, "até mesmo o solene festival da Dança do Sol oferecia diversão, sendo em parte um espetáculo", notava Lowie. A descrição de Morgan das "reuniões de luto" também ressalta as "festividades" que seguiam a primeira parte do grande evento coletivo:

> Os Ho-de'-no-sau-nee sempre adoraram as reuniões [de luto] do conselho e as festividades com que eram

> concluídas. Afluíam de todos os lados, apesar das muitas vezes longas distâncias e trajetos perigosos, enfrentando os rigores do clima, casais, jovens, velhos e crianças. Todos se dirigiam ao conselho; e, quando chegava o dia, um grande número de guerreiros, chefes, homens sábios e sachems, de todas as partes de seu território, cumprimentava-se ao lado do fogo-conselho dos Oneidas. [...] Até o momento [da reunião do conselho], ninguém, velho ou jovem, manifestava alegria. Estavam todos de luto pelos mortos, executando as últimas manifestações públicas de respeito. Contudo, uma vez realizados esses gestos e preenchidos os postos vagos no conselho, desapareciam as razões para lamentação e, com elas, suas manifestações. A noite era dedicada a banquetes e a danças religiosas e domésticas. Era comum passarem vários dias nessas festividades, dedicando-se a jogos atléticos e, à noite, a banquetes e danças.

Se a mortalidade não se pode evitar, a vitalidade, sua contrária, tem de ser constantemente cultivada nos bons hábitos, e a alegria tem de ser produzida. Festas fazem isso. Diz um canela que, quando tem festa, tem “movimento de alegria”, fica “tudo bonito na aldeia, tem boa comida, tem canto, todos estão pintados; quando acaba a festa, fica tudo parado na aldeia. Aí a gente fala que é triste, muito triste... É ruim, né? Ruim ficar triste...”. A afirmação de que é “ruim ficar triste” aparece em etnografias dedicadas a povos da América toda. E as festas figuram como antídoto, produtoras que são de alegria. Dizem os Kaxinawá: “Quando comemos bem, quando comemos juntos, ficamos felizes. Vem muita alegria. É por isso que fazemos festa”. No Alto Rio Xingu, as festas são realizadas com a intenção declarada de fazer as pessoas ficarem felizes; entre os Xikrin, do mesmo modo, preparam-se festas para alegrar a todos e afastar a tristeza; alegria é o que declaram esperar os Guarani e Kaiowá de suas festas.

O que costumamos nomear ritual, os Kalapalo chamam de *ailene*, "festejo" (da raiz *aili*, "alegria"); em krahô, a palavra que significa alegria, *amnikhĩ*, é usada para designar todas as festas; em wayana, "o radical *wak* é o mesmo nos termos que designam a alegria, o folguedo, a felicidade, a festa e o riso"; o termo yawalapiti que designa o que costumeiramente chamamos de rito ou cerimônia é *jumualhi*; [traduzem-no] por "festa" ou, mais usualmente, por "alegria". Em kamaiurá, cognatos da palavra para alegria "designam a atividade ritual". É digno de nota que as mesmas equações linguísticas e a mesma tradução em português ocorram em línguas tão diferentes: nos exemplos anteriores, há representantes dos troncos Jê (krahô) e Tupi-Guarani (kamayurá) e das famílias Karib (kalapalo e wayana) e Aruak (yawalapiti).

A medida de uma boa festa é a alegria, o divertimento que proporciona, e as falhas nesse sentido são motivo de reflexão e preocupação, como relata William Fisher:

> Se [alegria e harmonia] não resultarem de um ritual, o que muitas vezes ocorre, parte-se para a identificação dos pedaços da performance que teriam sido insuficientes. [...] A questão vai além da realização correta de uma liturgia ou de ações e palavras reproduzidas de modo incorreto. [...] Os Kayapó podem achar que a comida não foi suficientemente farta ou que faltou na dança e no canto entusiasmo bastante para produzir o sentimento que deveria resultar do ritual.

Vine Deloria Jr. dedica um capítulo de seu clássico livro *Custer Died for Your Sins: An Indian Manifesto* [Custer morreu pelos pecados de vocês: um manifesto índio], de 1969, ao "humor dos índios". Nele, Deloria ressalta o lugar do riso e do humor nos modos de vida nativos e lamenta a pouca atenção dada pelos brancos a esse aspecto fundamental, salientando que isso os impede de compreender realmente as culturas e as políticas nativas americanas:

> Os índios descobriram um lado engraçado para praticamente qualquer problema, e as experiências da vida costumam ser tão bem expressas por piadas e anedotas que elas se tornaram uma coisa em si mesma [...]. O humor ocupa um lugar tão importante nos assuntos nacionais índios que qualquer tipo de movimento é impossível sem ele.

O escritor abenaki [nordeste da América do Norte] Joseph Bruchac observa, no mesmo sentido, que "as pessoas que escreveram sobre os índios ou não sabiam nada deles ou careciam de humor tão completamente que não perceberam o lugar vital do humor para os americanos nativos". Se rir pode ser considerado pela tradição ocidental (e há muito tempo se pensa isso) como algo próprio de humanos, até exclusividade da espécie, o fato é que nem todos os povos cultivam o riso e o humor com a mesma dedicação. E nossas tradições "de cá" ensinam que assuntos de importância são incompatíveis com piadas e risadas, o que talvez explique por que não tiveram a atenção merecida por parte dos americanistas, com raras e honrosas exceções. Mesmo nessas exceções, o humor e o riso, longe de aparecerem como "coisa em si", acabam interpretados como meios de fazer outras coisas — instrumentos pedagógicos, na maioria das vezes. As análises acabam levando de volta à sisudez, ainda que todos comecem lamentando o modo como o riso e o humor indígenas têm sido tratados; lamentavelmente, não parecemos mesmo ser capazes de levar o humor a sério sem imaginar que produza outra coisa. Clastres dizia que precisamos entender bem o que diverte os índios; já Joanna Overing defende a construção de uma "antropologia perspicaz do humor". Vamos precisar, para isso, prestar mais atenção. A partir de uma análise dos vários modos de rir entre os Wajãpi, Jean-Michel Beaudet chega a conclusões bem mais inspiradoras do que a do recurso pedagógico:

> Por meio de distinções, variações e sutilezas, rir se apresenta como um modo de remodelar ideias fundamentais, de pensar realmente, bebendo caxiri e fazendo piadas. Esses Tupi são gente que pensa rindo. [...] Para os Wajãpi, essa autoafirmação, essa celebração de uma pessoa coletiva é uma forma de alegria. Como costuma acontecer na América indígena, a euforia é ao mesmo tempo um valor explícito e um estado buscado.

Já notava Morgan que os Iroqueses apreciam muito o humor em todas as suas formas; "gostam de se divertir", diz-se dos Wayana e dos Cree; gostam de rir e de provocar risadas e, correlativamente, gostam de gente que ri e faz rir. Jean de Léry observava que os Tupi da Guanabara "gosta[va]m de pessoas alegres, divertidas e generosas e, ao contrário, detesta[va]m pessoas taciturnas, avarentas e melancólicas". As equações aí registradas, que remetem a uma ética-estética do comportamento mencionada em várias passagens deste ensaio, merecem especial atenção. *Amji kin*, que os Canela traduzem por "festa", inclui tudo o que é positivo: feliz, saudável, bonito e "perfumado"; forma um par dual contraposto a *amji krit*, categoria do que é negativo: doente, feio e "malcheiroso". A conexão entre beleza e saúde não é exclusividade canela. Alegre é sempre sinônimo de saudável, que é igual a bonito. É ruim ficar triste, dizia um canela, porque a tristeza é estado doente e a alegria, pelo contrário, estado saudável do corpo (de cada pessoa e das pessoas coletivas). "O belo e o alegre, por si, curam (e o que cura, por certo, é belo)", diz Spensy Pimentel pensando com os Guarani e Kaiowá.

Pela América afora, os índios consideram que o que é belo é bom e correto, acrescentando o aspecto moral a um conjunto já bastante complexo para nossas classificações. A boa disposição física é, de fato, sempre considerada como indício de qualidades morais. Uma afirmação a respeito dos Miskitu da Nicarágua ecoa outras muitas existentes em etnografias dedicadas a povos nativos da América: "Eles não distinguem claramente corpo e mente nem estados físicos e mentais". Em lugar de dar atenção ao pensamento nativo, aplicam-se nossas distinções e, como ocorre com lamentável frequência, decidem por "indistinção", "fluidez", "ambiguidade". Nem aos Miskitu nem aos outros índios falta distinguir essas categorias. Não há confusão alguma, exceto a gerada pela aplicação automática de um sistema (localizado no tempo e no espaço) fundado na distinção entre "estados do corpo" e "estados da mente". Ao contrário, a coincidência de planos que separamos em "sentimentos", "fisiologia" e "capacidades" tem sido constantemente identificada em processos de construção do "corpo" e da pessoa analisados por americanistas. A felicidade, a alegria, assim como a raiva e a tristeza, seriam, em nossos termos, estados a um só tempo físicos e mentais.

Festas fazem corpos alegres, saudáveis e belos, incluindo sempre uma série de "disciplinas do corpo" (como dizia Marcel Mauss), notadamente dança e canto, muito frequentemente competições ou atividades "atléticas", como diz Morgan. Aliados ao alimento, à bebida, ao estar junto, esses procedimentos de fazer "corpos" são antídoto para a tristeza — e combatem doenças. Podem até tornar corpos "imperecíveis", como entre os Guarani Mbya, para quem a alegria, como mencionado, é o objetivo dos "rituais" e de outras práticas. Conta Daniel Pierri:

> Atividades corporais realizadas fora da casa de rezas, e que também trazem alegria, são realizadas pelas divindades em suas moradas e devem ser replicadas na terra. Nos seus pátios, os Tupã dançam o *tangara* ou *xondaro*, dança ritual que deve ser praticada pelos Guarani todas as tardes antes de entrar na casa de reza. Ouvi durante uma dessas práticas o cacique explicando às crianças que elas devem dançar da forma como ele as ensinava, pois é assim que os Tupã Kuery [deuses] fazem em seus pátios celestes, e, vendo os Guarani dançarem da mesma forma, eles saberiam que se trata de parentes dele. O mesmo disseram-me a respeito da brincadeira com peteca, que os Guarani identificam como uma das práticas que devem valorizar.

E com a "brincadeira" da peteca encontramos outra palavra que aparece ao lado de "festa" e "movimento" como tradução indígena em português do que especialistas entendem como "rituais". Se as festas dos índios têm sido por tanto tempo desmontadas por categorias que lhes são alheias, transbordando-as sempre, também há de ser porque a alegria é algo que uma "sinistra concepção de natureza humana" — para lamentar com Sahlins — afastou da "vida pública" entre nós. Quando a alegria se manifesta no plano coletivo, é muitas vezes tomada como marca de "ritual de inversão". As festas dos índios antes teriam de ser chamadas "rituais de diversão", tanto por divertirem quanto por operarem e produzirem toda sorte de divergência.

"Palhaços cerimoniais" como os *heyoka* sioux e os *hotxuá* krahô são registrados em toda a América, com um papel central nas festas. Encontram-se também em "novas formas políticas" como a FOIRN, cujas lideranças devem desempenhar, nas palavras de Renato Soares,

> uma função que, apesar de não ser mencionada diretamente nem constar nos pré-requisitos estatutários, é observada na maior parte das ações do movimento indígena rio-negrino: a de cumprir suas tarefas com humor e deslocar constantemente as dificuldades e os sucessos para um plano onde se pode rir deles. Assim, siglas novas viram trocadilhos, sobrenomes homônimos sugerem relações fortuitas, fracassos em série demonstram que, mesmo que não haja domínio do assunto, sempre há alguém mais perdido, características indígenas são comparadas a outros povos, sempre apresentados com muito chiste. Isso em um contexto em que se trata de questões sérias e importantes. Poucos momentos formam tamanha coletividade e união nas atividades da FOIRN como a fala de uma liderança repleta de humor. Este humor tem em seu repertório, entre outros, a ironia, a história,

> a interpretação de atualidades/notícias, o parentesco, os mitos, as relações entre diferentes povos — indígenas ou não —, e através dele as contingências entram no domínio do explicado, ou do que é esperado. Além disso, nas reuniões ou cursos de maior duração, ou mesmo para cobrir atrasos na programação, sempre designam os chamados animadores. Os animadores fazem de tudo, uns rezam, outros criam danças e exercícios corporais coletivos, mas o mais comum é contarem piadas, às vezes em série: um está terminando uma piada e já tem outro esperando para contar a sua.

Um antropólogo anishinaabe [também conhecidos como Ojibwa, Grandes Lagos, na América do Norte] fala do cultivo da alegria e do bom humor entre os seus como fundamental para poderem estar vivos e se recuperando, no início do século XXI — uma tecnologia para sobreviver ao fim do mundo, poderíamos dizer:

> Se for entendido que a visão de mundo dos Anishinaabe é essencialmente cômica, isso pode demonstrar a continuidade entre a cultura tradicional e a moderna. Além disso, compreender essa visão cômica pode ajudar a explicar como a cultura anishinaabe está se recuperando após o que chamo de "síndrome do estresse pós-apocalíptico". Como tantos outros povos nativos americanos, os Anishinaabe vimos o fim de nosso mundo [...] nossa visão cômica está nos ajudando a superar o trauma e ajuda a explicar como conseguimos sobreviver.

Podemos concluir com Douglas Krenak, em cujas palavras certamente se reconheceriam diferentes povos nativos das Américas:

Nosso povo é conhecido por ser muito guerreiro, mas é também um povo muito alegre, que gosta muito de alegria e de festa, de contar história... Ao longo do tempo, o nosso povo vem passando por muitos problemas, de destruição do meio ambiente e de imposição cultural, mas nosso povo procurou sempre manter essa alegria, buscar esse sentimento de felicidade, porque, para nós, parente não pode ficar triste, porque, quando esse mundo começa a ficar muito ruim para nós, os espíritos acham que aqui não é lugar para nós.

REFERÊNCIAS

AZANHA, Gilberto. *A forma timbira: estrutura e resistência* (dissertação de mestrado). São Paulo: Universidade de São Paulo, 1984.

BANIWA, Francy; MARTIM, Kerexu & PATAXÓ, Vanuzia. *Nosso Modo de Lutar*. 2024. Documentário. Disponível em: https://www.youtube.com/watch?v=PuXiQYgiQaM.

BARBOSA, Gabriel Coutinho. "Festas, guerras e trocas entre os Aparai e Wayana meridionais", *Revista de Antropologia*, v. 54, n. 2, p. 829-55, 2011.

BARBOSA, Gabriel Coutinho. *Os Aparai e Wayana e suas redes de intercâmbio* (tese de doutorado). São Paulo: Universidade de São Paulo, 2008.

BARCELOS NETO, Aristóteles. *Apapaatai: rituais de máscaras no Alto Xingu*. São Paulo: Edusp, 2008.

BARCELOS NETO, Aristóteles. "Objetos de poder, pessoas de prestígio: a temporalidade biográfica dos rituais xinguanos e a cosmopolítica wauja", *Mundo Amazônico*, v. 3, p. 17-42, 2012.

BASSO, Ellen B. *A Musical View of the Universe: Kalapalo Myth and Ritual Performances*. Filadélfia: University of Pennsylvania Press, 1985.

BEAUDET, Jean-Michel. "Rire. Un exemple d'Amazonie", *L'Homme*, v. 36, n. 140, p. 81-99, 1996.

BOAS, Franz. "Ethnology of the Kwakiutl. Based on the Data Collected by George Hunt", 35th Annual Report of the Bureau of American Ethnology, part 2, Washington, 1921.

BOAS, Franz. "The Social Organization and the Secret Societies of the Kwakiutl Indians", Report of the U.S. National Museum for 1895, Washington, 1897, p. 311-738.

BOLLETTIN, Paride. *Identità in trasformazione pratiche e mitologie a Mrõtidjam, un villaggio del Brasile Centrale* (tese de doutorado). Siena: Università di Siena, 2011.

BURKHART, Brian. "Red Wisdom: Highlighting Recent Writing in Native American Philosophy", *Confluence: Journal of World Philosophies*, v. 1, p. 227-39, 2016.

CARIAGA, Diógenes Egídio. *Relações e diferenças: a ação política kaiowá e suas partes* (tese de doutorado). Florianópolis: Universidade Federal de Santa Catarina, 2019.

CARLIN, Eithne. "Speech Community Formation: A Socio-Linguistic Profile of the Trio of Suriname", *New West Indian Guide / Nieuwe West-Indische Gids*, v. 72, n. 1-2, p. 4-42, jan. 1998.

CARNEIRO DA CUNHA, Manuela. *Cultura com aspas*. São Paulo: Cosac Naify, 2009.

CARNEIRO DA CUNHA, Manuela. *Os mortos e os outros: uma análise do sistema funerário e da noção de pessoa entre os índios krahó*. São Paulo: Hucitec, 1978.

CARNEIRO DA CUNHA, Manuela & VIVEIROS DE CASTRO, Eduardo. "Vingança e temporalidade: os Tupinambá", *Journal de la Société des Américanistes*, v. 71, p. 191-208, 1985.

CESARINO, Pedro de Niemeyer. "Cartografias do cosmos: conhecimento, iconografia e artes verbais entre os Marubo", *Mana*, v. 19, n. 3, p. 437-71, 2013.

CESARINO, Pedro de Niemeyer. "Entre la parole et l'image: le système mythopoétique marubo", *Journal de la Société des Américanistes*, v. 97, n. 1, 2011.

CESARINO, Pedro de Niemeyer. *Oniska: poética do xamanismo na Amazônia*. São Paulo: Perspectiva, 2011.

CESARINO, Pedro de Niemeyer. "Poética e política nas terras baixas da América do Sul: a fala do chefe", *Etnográfica*, v. 24, n. 1, p. 5-26, 2020.

CHAMORRO, Gabriela & COMBÈS, Isabelle (org.). *Povos indígenas em Mato Grosso do Sul: história, cultura e transformações sociais*. Dourados: Editora da UFGD, 2015.

CHAPUIS, Jean. *La personne wayana entre sang et ciel* (tese de doutorado). Marselha: Aix-Marseille Université, 1998.

CHAPUIS, Jean & RIVIERE, Hervé. *Wayana Eitopompë. (Une) histoire (orale) des Indiens Wayana*. Matoury: Ibis Rouge, 2003.

CHARLEVOIX, Pierre-François-Xavier de. *Histoire et description générale de la Nouvelle France, avec le Journal historique d'un voyage fait par ordre du roi dans l'Amérique septentrionale*, tomo 3. Paris: Pierre-François Giffart, 1744.

CLASTRES, Pierre. *Chronique des indiens Guayaki*. Paris: Plon, 1972. [Ed. bras.: *Crônica dos índios Guayaki. O que sabem os Aché, caçadores nômades do Paraguai*. Trad. Tânia Stolze Lima e Janice Caiafa. Rio Janeiro: Editora 34, 1995.]

CLASTRES, Pierre. "De quoi rient les Indiens?", *Terrain*, v. 61, 1967.

CLASTRES, Pierre. "Entre silence et dialogue", *L'Arc*, n. 26, 1968.

CLASTRES, Pierre. *La société contre l'État*. Paris: Minuit, 1974. [Ed. bras.: *A sociedade contra o Estado: pesquisas de antropologia política*. Trad. Tânia Stolze Lima & Marcio Goldman. São Paulo: Cosac Naify, 2003.]

CLASTRES, Pierre. *Le grand parler. Mythes et chants sacrés des Indiens Guarani*. Paris: Seuil, 1974.

CLASTRES, Pierre. *Recherches d'anthropologie politique*. Paris: Minuit, 1980. [Ed. bras.: *Arqueologia da violência: pesquisas de antropologia política*. Trad. Paulo Neves. São Paulo: Cosac Naify, 2004; 2. ed., 2011.]

COELHO DE SOUZA, Marcela Stockler. *O traço e o círculo: o conceito de parentesco entre os Jê e seus antropólogos* (tese de doutorado). Rio de Janeiro: Universidade Federal do Rio de Janeiro, 2002.

COHEN, R. & MIDDLETON, J. (org.). *Comparative Political Systems: Studies in the Politics of Pre-Industrial Societies*. Nova York: Natural History Press, 1967.

COHN, Clarice. *Relações de diferença no Brasil Central: os Mebengokré e seus outros* (tese de doutorado). São Paulo: Universidade de São Paulo, 2005.

COMBÈS, Isabelle. "'Orejones' e Xaray nas fontes coloniais". *In*: CHAMORRO, Gabriela & COMBÈS, Isabelle (org.). *Povos indígenas em Mato Grosso do Sul: história, cultura e transformações sociais*. Dourados: Editora da UFGD, 2015, p. 129-46.

CROCKER, Wiliam H. "The Canela (Eastern Timbira), I: An Ethnographic Introduction", *Smithsonian Contributions to Anthropology*, v. 33, 1990.

DAL POZ NETO, João. *No país dos Cinta Larga: uma etnologia do ritual* (dissertação de mestrado). São Paulo: Universidade de São Paulo, 1991.

DELORIA, Philip J. *et al.* "Unfolding Futures: Indigenous Ways of Knowing for the Twenty-First Century", *Dædalus*, v. 147, n. 2, p. 6-16, 2018.

DELORIA JR., Vine. *Custer Died for your Sins: An Indian Manifesto*. Londres: Macmillan, 1969.

DESCOLA, Philippe. "La chefferie amérindienne dans l'anthropologie politique", *Science politique*, v. 38, p. 818-27, 1988.

DESCOLA, Philippe. *Les lances du crépuscule. Relations Jívaros, Haute-Amazonie*. Paris: Plon, 1993.

DESCOLA, Philippe. "The Genres of Gender: Local Models and Global Paradigms in the Comparison of Amazonia and Melanesia". *In*: GREGOR, T. & TUZIN, D. (org.). *Gender in Amazonia and Melanesia: an exploration of the Comparative Method*. Berkeley: University of California Press, 2001, p. 91-114.

DETIENNE, Marcel. *Comparer l'incomparable*. Paris: Seuil, 2009.

DETIENNE, Marcel. “Des comparables dans le champ du politique. Entre nous, ethnologues et historiens”, *Gradhiva*, v. 1, p. 5-17, 2005.

DIETLER, Michael & HAYDEN, Brian. *Feasts: Archaeological and Ethnographic Perspectives on Food, Politics, and Power*. Tuscaloosa: University of Alabama Press, 2001.

DOBRENEN, William P. *Learning to Listen: Leadership Lessons from North American Indigenous Voices* (tese de doutorado). Portland: George Fox University, 2016.

DRAGO, André. *Do cromatismo boe* (tese de doutorado). São Paulo: Universidade de São Paulo, 2017.

DRAGO, André. *Formas políticas ameríndias: etnologia jê* (dissertação de mestrado). São Paulo: Universidade de São Paulo, 2012.

DRUCKER, Philip. “Rank, Wealth, and Kinship in Northwest Coast Society”, *American Anthropologist*, v. 41, p. 55-65, 1939.

DRUCKER, Philip & HEIZER, Robert. *To Make my Name Good: A Reexamination of the Southern Kwakiutl Potlatch*. Berkeley: University of California Press, 1967.

DUMÉZIL, Georges. “L’idéologie tripartite des Indo-Européens”, *Revue des Études Latines*, v. 31, 1958.

DUMÉZIL, Georges. *Mythe et épopée*. Paris: Gallimard, 1968.

EARLE, Timothy (org.). *Chiefdoms: Power, Economy and Ideology*. Cambridge: Cambridge University Press, 1991.

ESTRADA, Álvaro. *Maria Sabina, a sábia dos cogumelos*. São Paulo: Martins Fontes, 1984.

FARIA, Elaíze. “Morre o grande educador Higino Tenório, líder do povo Tuyuka, vítima do novo coronavírus”, *Amazônia Real*, 20 jun. 2020.

FAUSTO, Carlos. “Banquete de gente: comensalidade e canibalismo na Amazônia”, *Mana*, v. 8, n. 2, p. 7-44, 2002.

FAUSTO, Carlos. "Da inimizade: forma e simbolismo da guerra indígena". *In*: NOVAES, Adauto (org.). *A outra margem do Ocidente*. Brasília / São Paulo: Minc / Funarte, 1999, p. 251-82.

FAUSTO, Carlos. "Donos demais: maestria e propriedade na Amazônia", *Mana*, v. 14, p. 280-324, 2008.

FERNANDES, Florestan. *A função social da guerra na sociedade tupinambá*. São Paulo: Edusp, 1952.

FERNANDES, Florestan. *Organização social dos Tupinambá*. São Paulo: Difel, 1963.

FIGUEIREDO, Marina Vanzolini. *A flecha do ciúme: o parentesco e seu avesso segundo os Aweti do Alto Xingu* (tese de doutorado). Rio de Janeiro: Universidade Federal do Rio de Janeiro, 2010.

FIGUEIREDO, Marina Vanzolini. *Centralização e faccionalismo: imagens da política no Alto Xingu* (dissertação de mestrado). Rio de Janeiro: Universidade Federal do Rio de Janeiro, 2006.

FISHER, William H. *Dualism and its Discontents: Social Processes and Village Fissioning among the Xikrin Kayapo of Central Brazil* (tese de doutorado). Ann Arbor: University of Michigan, 1991.

FISHER, William H. "Name Rituals and Acts of Feeling among the Kayapó (Mebengokre)", *The Journal of the Royal Anthropological Institute*, v. 9, n. 1, p. 117-35, 2003.

FOX, M. J. T.; LUNA-FIREBAUGH, E. M. & WILLIAMS, C. "American Indian Female Leadership", *Wicazo Sa Review*, v. 30, n. 1, p. 82-99, 2015.

FRANCHETTO, Bruna. *Falar Kuikuro: estudo etnolinguístico de um grupo karib do Alto Xingu* (tese de doutorado). Rio de Janeiro: Universidade Federal do Rio de Janeiro, 1986.

FRANCHETTO, Bruna. "L'autre du même: parallélisme et grammaire dans l'art verbal des récits Kuikuro (caribe du Haut Xingu, Brésil)", *Ameríndia*, v. 28, p. 213-48, 2003.

FRANCHETTO, Bruna. "Rencontres rituelles dans le Haut-Xingu: la parole du chef". *In*: MONOD-BECQUELIN, A. & ERIKSON, P. (org.). *Les rituels du dialogue. Promenades ethnolinguistiques en terres amérindiennes*. Nanterre: Société d'ethnologie, 2000, p. 481-509.

FRANCHETTO, Bruna & HECKENBERGER, Michael (org.). *Os povos do Alto Xingu: história e cultura*. Rio de Janeiro: Editora UFRJ, 2001.

FRANCHETTO, Bruna & STENZEL, Kristine. "Amazonian Narrative Verbal Arts and Typological Gems". *In*: STENZEL, Kristine & FRANCHETTO, Bruna (org.). *On This and Other Worlds: Voices from Amazonia*. Berlim: Language Science Press, 2017, p. 1-19.

FREIRE, Gabriela de Carvalho. *Distinções eyiguayegui* (dissertação de mestrado). São Paulo: Universidade de São Paulo, 2017.

FRIED, Morton H. *The Evolution of Political Society: An Essay in Political Anthropology*. Nova York: Random House, 1967.

FRIKEL, Protásio. "O 'código de civilidade' Kaxúyana", *Universitas: Revista de Cultura da Universidade Federal da Bahia*, v. 6, n. 7, p. 277-94, 1971.

GALLOIS, Dominique Tilkin. "Alguns modos zo'é de fazer coletivos e lideranças". *In*: GRUPIONI, Denise Fajardo & ANDRADE, Lúcia M. M. de (org.). *Entre Águas Bravas e Mansas, índios & quilombolas em Oriximiná*. São Paulo: Comissão Pró-Índio / Iepé, 2015, p. 285-96.

GALLOIS, Dominique Tilkin. "Gêneses waiãpi, entre diversos e diferentes", *Revista de Antropologia*, v. 50, n. 1, p. 45-83, 2007.

GALLOIS, Dominique Tilkin. "'Nossas falas duras': discurso político e auto-representação Waiãpi". *In*: RAMOS, Alcida & ALBERT, Bruce (org.). *Pacificando o Branco: cosmologias do contato no norte-amazônico*. São Paulo: Editora Unesp / Imprensa Oficial, 2000, p. 205-37.

GANDAVO, Pero de Magalhães. *Tratado da terra do Brasil*. Brasília: Senado Federal, 2008 [*c*. 1570].

GOLDMAN, Irving. *The Mouth of Heaven: An Introduction to Kwakiutl Religious Thought*. Nova York: John Wiley & Sons, 1975.

GOLDMAN, Irving. "The Zuni Indians of New Mexico". *In*: MEAD, M. (org.). *Cooperation and Competition Among Primitive Peoples*. Nova York: McGraw Hill, p. 313-53, 1937.

GORDON, Cesar. *Economia selvagem: ritual e mercadoria entre os índios Xikrin-Mebegokre*. São Paulo: Editora Unesp / ISA / Nuti, 2006.

GREGOR, Thomas. "Uneasy Peace: Intertribal Relations in Brazil's Upper Xingu". *In*: HAAS, J. (org.). *The Anthropology of War*. Cambridge: Cambridge University Press, p. 105-24, 1990.

GRINNELL, George Bird. *The Cheyenne Indians: Their History and Ways of Life*. 2 v. New Haven: Yale University Press, 1923.

GROSS, Lawrence William. "Humor and Healing in the Nonfiction Works of Jim Northrup", *Wicazo Sa Review*, v. 24, n. 1, p. 65-87, 2009.

GROSS, Lawrence William. "The Comic Vision of Anishinaabe Culture and Religion", *The American Indian Quarterly*, v. 26, n. 3, p. 436-59, 2002.

GUAJAJARA, Sonia & TERENA, Eloy. "A democracia é de nossa natureza", *Folha de S. Paulo*, 13 abr. 2022.

GUERREIRO JR., Antonio Roberto. *Ancestrais e suas sombras: uma etnografia da chefia kalapalo e seu ritual mortuário* (tese de doutorado). Brasília: Universidade de Brasília, 2012.

GUERREIRO JR., Antonio Roberto. "O gavião e a onça: imagens kalapalo da chefia em dois discursos rituais". *In*: PIMENTA, J. & SMILJANIC, M. I. (org.). *Etnologia indígena e indigenismo*. Brasília: Positiva, 2012, p. 209-35.

GUERREIRO JR., Antonio Roberto. "Quarup: transformações do ritual e da política no Alto Xingu", *Mana*, v. 21, n. 2, p. 377-406, 2015.

GUERREIRO JR., Antonio Roberto. "Repensando a 'ascendência nobre' na chefia kalapalo (Alto Xingu, MT)", 28ª Reunião Brasileira de Antropologia, São Paulo, PUC-SP, 2-5 jul. 2012.

HARRIS, LaDonna; SACHS, Stephen M. & BROOME, Benjamin J. "Wisdom of the People: Potential and Pitfalls in Efforts by the Comanches to Recreate Traditional Ways of Building Consensus", *The American Indian Quarterly*, v. 25, n. 1, p. 114-34, 2001.

HENRY, Jules. *Jungle People: A Kaingáng Tribe of the Highlands of Brazil*. Nova York: Random House, 1941.

HOEBEL, E. Adamson. *The Cheyenne. Indians of the Great Plains*. Nova York: Holt, Rinehart and Winston, 1960.

HOWARD, Catherine. "Pawana: a farsa dos visitantes entre os Waiwai da Amazônia setentrional". *In*: VIVEIROS DE CASTRO, Eduardo & CARNEIRO DA CUNHA, Manuela (org.). *Amazônia: etnologia e história indígena*. São Paulo: NHII-USP / Fapesp, 1993, p. 229-64.

HUGH-JONES, Christine. *From the Milk River: Spatial and Temporal Processes in Northwest Amazonia*. Cambridge: Cambridge University Press, 1979.

HUGH-JONES, Stephen. *The Palm and the Pleiades. Initiation and Cosmology in Northwest Amazonia*. Cambridge: Cambridge University Press, 1979.

JENNINGS, Francis. *The Ambiguous Iroquois Empire: The Covenant Chain Confederation of Indian Tribes with English Colonies*. Nova York / Londres: W.W. Norton & Co., 1984.

KARIPUNA, Ana Manoela. "Mulheres originárias: reflexões com movimentos de indígenas mulheres sobre as existências e inexistências de feminismos indígenas", *Cadernos de Campo*, v. 32, n. 2, 2021.

KILLSBACK, Leo. "The Legacy of Little Wolf: Rewriting and Rerighting Our Leaders Back into History", *Wicazo Sa Review*, v. 26, n. 1, p. 85-111, 2011.

KOPENAWA, Davi & ALBERT, Bruce. *La chute du ciel. Paroles d'un chaman yanomami*. Paris, Plon, 2010. [Ed. bras.: *A queda do céu: palavras de um xamã yanomami*. Trad. Beatriz Perrone-Moisés. São Paulo: Companhia das Letras, 2015.]

KRACKE, Waud. *Force and Persuasion: Leadership in an Amazonian Society*. Chicago / Londres: University of Chicago Press, 1978.

KRENAK, Ailton. *A vida não é útil*. São Paulo: Companhia das Letras, 2020.

KRENAK, Ailton. *Futuro ancestral*. São Paulo: Companhia das Letras, 2022.

KRENAK, Ailton. *Ideias para adiar do fim do mundo*. São Paulo: Companhia das Letras, 2019.

LA HONTAN, Louis Armand de Lom d'Arce (baron de). *Dialogues de Monficur le baron de Lahontan et d'un sauvage, dans l'Amérique: Contenant une description exacte des moeurs et des coutumes de ces peuples sauvages*. Amsterdã / Londres: Boeteman / David Mortier, 1704.

LADEIRA, Maria Elisa (org.). *Nossas corridas de tora: cultura viva timbira*. São Paulo: CTI / Wyty-Catë, 2012.

LAFITAU, Joseph-François S. J. *Moeurs des sauvages ameriquains compare'es aux moeurs des premiers temps*, 2 v. Paris: Maspéro, 1983 [1724].

LAGROU, Els. "Rir do poder e o poder do riso nas narrativas e performances kaxinawa", *Revista de Antropologia*, v. 49, n. 1, p. 55-90, 2006.

LATOUR, Bruno & WEIBEL, Peter. *Making Things Public: Atmospheres of Democracy*. Cambridge: MIT Press, 2005.

LAZARIN, Marco Antônio & SILVA, Telma Camargo. *Os Krahó do Rio Vermelho: relatório de trabalho*. Goiânia: Centro Editorial e Gráfico da UFG, 1989 (Textos para Discussão, 10).

LEE, Lloyd L. "Diné Political Leadership Development on the Path to Sustainability and Building the Navajo Nation", *Wicazo Sa Review*, v. 29, n. 2, p. 25-38, 2014.

LEE, Lloyd L. "Gender, Navajo Leadership and 'Retrospective Falsification'", *AlterNative: An International Journal of Indigenous Peoples*, v. 8, n. 3, p. 277-89, 2012.

LEJEUNE, Paul. *Un Français au pays des "bestes sauvages"*. Org. Alain Beaulieu. Montréal: Comeau & Nadeau, 1999 [1634].

LÉRY, Jean de. *Histoire d'un voyage faict en la terre du Brésil*. 2. ed. Paris: Livre de Poche, 1994 [1578].

LESTRINGANT, Frank. "Léry ou le rire de l'Indien". *In*: LÉRY, Jean de. *Histoire d'un voyage faict en la terre du Brésil*. 2. ed. Paris: Livre de Poche, 1994, p. 15-39.

LÉVI-STRAUSS, Claude. *Anthropologie structurale*. Paris: Plon, 1958. [Ed. bras.: *Antropologia estrutural*. Trad. Beatriz Perrone-Moisés. São Paulo: Ubu, 2017.]

LÉVI-STRAUSS, Claude. *Anthropologie structurale deux*. Paris: Plon, 1973. [Ed. bras.: *Antropologia estrutural dois*. Trad. Beatriz Perrone-Moisés. São Paulo: Ubu, 2017.]

LÉVI-STRAUSS, Claude. "Guerre et commerce chez les Indiens de l'Amérique du Sud", *Renaissance*, v. 1, n. 1-2, p. 122-39, 1943.

LÉVI-STRAUSS, Claude. *Histoire de Lynx*. Paris: Plon, 1991. [Ed. bras.: *História de Lince*. Trad. Beatriz Perrone-Moisés. São Paulo: Companhia das Letras, 1992.]

LÉVI-STRAUSS, Claude. *La Pensée sauvage*. Paris: Plon, 1962. [Ed. bras.: *O pensamento selvagem*. Trad. Tânia Pelegrini. Campinas: Papirus, 1989.]

LÉVI-STRAUSS, Claude. "La politique étrangère d'une société primitive", *Politique étrangère*, v. 14, n. 2, p. 139-52, 1949.

LÉVI-STRAUSS, Claude. *La Potière jalouse*. Paris: Plon, 1985. [Ed. bras.: *A oleira ciumenta*. Trad. Beatriz Perrone-Moisés. São Paulo: Brasiliense, 1986.]

LÉVI-STRAUSS, Claude. *Le Cru et le cuit*. Paris: Plon, 1964. [Ed. bras.: *O cru e o cozido*. Trad. Beatriz Perrone-Moisés. São Paulo: Cosac Naify, 2004.]

LÉVI-STRAUSS, Claude. *L'Homme nu*. Paris: Plon, 1971. [Ed. bras.: *O homem nu*. Trad. Beatriz Perrone-Moisés. São Paulo: Cosac & Naify, 2011.]

LÉVI-STRAUSS, Claude. *L'Origine des manières de table*. Paris: Plon, 1968. [Ed. bras.: *A origem dos modos à mesa*. Trad. Beatriz Perrone-Moisés. São Paulo: Cosac & Naify, 2006.]

LÉVI-STRAUSS, Claude. "The Social and Psychological Aspects of Chieftainship in a Primitive Tribe: The Nambikuara of Northwestern Mato Grosso". *In*: COHEN, R. & MIDDLETON, J. (org.). *Comparative Political Systems: Studies in the Politics of Pre-Industrial Societies*. Nova York: Natural History Press, 1967, p. 45-62.

LIMA, Tania Stolze. "Para uma teoria etnográfica da distinção natureza e cultura na cosmologia juruna", *Revista Brasileira de Ciências Sociais*, v. 14, n. 40, p. 43-52, 1999.

LIMA, Tania Stolze. *Um peixe olhou pra mim: o povo Yudjá e a perspectiva*. São Paulo / Rio de Janeiro: Editora Unesp / ISA / Nuti, 2005.

LOPES DA SILVA, Aracy. *Nomes e amigos: da prática xavante a uma reflexão sobre os Jê*. São Paulo: FFLCH-USP, 1986.

LOWIE, Robert. "Political Organization of American Aborigenes". *In*: DU BOIS, C. (org.). *Lowie's Selected Papers*. Berkeley: University of California Press, 1960, p. 273-6.

LOWIE, Robert. "Some Aspects of Political Organization among the American Aborigines", *Journal of the Royal Anthropological Institute of Great Britain and Ireland*, v. 78, p. 11-24, 1948.

LOWIE, Robert. *The Crow Indians*. Nova York: Rinehart, 1958.

LOWIE, Robert. *The Origin of the State*. Nova York: Harcourt, Brace and Company, 1927.

LOWIE, Robert. "The Sun Dance of the Crow", *Anthropological Papers of the American Museum of Natural History*, v. 16, n. 1, p. 1-50, 1915.

LUCAS, Maria Luísa. "A 'volta' dos Rawana: notas sobre as festas regionais entre os Hixkaryana". *In*: GRUPIONI, Denise Fajardo & ANDRADE, Lúcia M. M. de (org.). *Entre Águas Bravas e Mansas, índios & quilombolas em Oriximiná*. São Paulo: Comissão Pró-Índio / Iepé, 2015, p. 299-315.

MACEDO, Valéria Mendonça. *Nexos da diferença: cultura e afecção em uma aldeia guarani na Serra do Mar* (tese de doutorado). São Paulo: Universidade de São Paulo, 2009.

MACGREGOR, Roy. *Chief: the fearless vision of Billy Diamond*. Canadá: Penguin, 1989.

MAUSS, Marcel. "Essai sur le don. Forme et raison de l'échange dans les sociétés archaiques". *In*: MAUSS, Marcel. *Sociologie et anthropologie*. Paris: Presses Universitaires de France, 1950, p. 145-279.

MAYBURY-LEWIS, David (org.). *Dialectical Societies: The Gê and Bororo of Central Brazil*. Cambridge / London: Harvard University Press, 1979.

MELATTI, Julio Cezar. *Ritos de uma tribo timbira*. São Paulo: Ática, 1978.

MENEZES BASTOS, Rafael. "A saga do Yawari: mito, música e história no Alto Xingu". *In*: VIVEIROS DE CASTRO, Eduardo & CARNEIRO DA CUNHA, Manuela (org.). *Amazônia: etnologia e história indígena*. São Paulo: NHII-USP/ Fapesp, 1993, p. 117-46.

MENEZES BASTOS, Rafael. "Música, cultura e sociedade no Alto-Xingu: a teoria musical dos índios Kamayurá", *Latin American Music Review*, v. 7, n. 1, p. 51-80, 1986.

MÉTRAUX. "Social organization of the Kaingang and Aweikoma", *American Anthropologist*, v. 49, p. 148-51, 1947.

MÉTRAUX. "The Caingang". *In*: STEWARD, Julian H. (org.). *Handbook of South American Indians*, v. 1, *The Marginal Tribes*. Washington: Smithsonian Institution, 1946, p. 445-75.

MILLÁN, Saúl. *El cuerpo de la nube. Jerarquia y simbolismo ritual en la cosmovisión de un pueblo huave*. México: Inah, 2005.

MILLER, Joana. *As coisas: os enfeites corporais e a noção de pessoa entre os Mamainde (Nambikwara)* (tese de doutorado). Rio de Janeiro: Universidade Federal do Rio de Janeiro, 2007.

MORGAN, Lewis H. *League of the Ho-de'-no-sau-nee or Iroquois*. Rochester: Sage & Brother, 1851.

MORGAN, Lewis H. "Montezuma's Dinner", *North American Review*, v. 122, p. 265-308, 1876.

MURRA, John V. *La organización económica del estado Inca*. México: Siglo XXI, 1978.

NAVEIRA, Miguel Alfredo Carid. *Ya Wana Wa: da guerra à festa* (dissertação de mestrado). Florianópolis: Universidade Federal de Santa Catarina, 1999.

NIMUENDAJÚ, Curt. *The Eastern Timbira*. Berkeley: University of California Press, 1946.

NIMUENDAJÚ, Curt & LOWIE, Robert H. "The Social Structure of the Ramko'kamekra (Canella)", *American Anthropologist*, v. 40, n. 1, p. 51-74, 1938.

NOVO, Marina Pereira & GUERREIRO JR., Antonio. "Troca, amizade e relações regionais no Alto Xingu", 40º Encontro Anual da Anpocs, Caxambu, 24-28 out. 2016.

O'BRIEN, Sharon. *American Indian Tribal Governments*. Norman: University of Oklahoma Press, 1989.

OVERING, Joanna. "Personal Autonomy and the Domestication of Self in Piaroa Society". *In*: JAHODA, G. & LEWIS, I. M. (org.). *Acquiring Culture: Cross Cultural Studies in Child Development*. Londres: Croom Helm, 1988, p. 169-92.

OVERING, Joanna. "The Anarchy and Collectivism of the 'Primitive Other': Marx and Sahlins in the Amazon". *In*: HANN, C. (org.). *Socialism: Ideals, Ideologies, and Local Practice*. Londres: Routledge, 1993, p. 20-37.

OVERING, Joanna. "The Efficacy of Laughter. The Ludic Side of Magic Within Amazonian Sociality". *In*: OVERING, Joanna & PASSES, Alan (org.). *The Anthropology of Love and Anger: The Aesthetics of Conviviality in Native Amazonia*. Londres / Nova York: Routledge, 2000, p. 64-81.

OVERING, Joanna. *The Piaroa, a People of the Orinoco Basin: A Study in Kinship and Marriage*. Oxford: Clarendon Press, 1975.

OVERING, Joanna & PASSES, Alan (org.). *The Anthropology of Love and Anger: The Aesthetics of Conviviality in Native Amazonia*. Londres / Nova York: Routledge, 2000.

OXENDINE, Jamie K. "Native American Home Etiquette — Native American Pow Wows", *PowWows.com*, 2019. Disponível em: https://www.powwows.com/native-american-home-etiquette/.

PERRONE-MOISÉS, Beatriz. "Bons chefes, maus chefes, chefões: elementos de filosofia política ameríndia", *Revista de Antropologia*, v. 54, p. 857-83, 2011.

PERRONE-MOISÉS, Beatriz. "Extraits de philosophie politique amérindienne". *In*: ABENSOUR, M. & KUPIEC, A. (org.). *Cahier Pierre Clastres*. Paris: Sens & Tonka, 2010, p. 179-92.

PERRONE-MOISÉS, Beatriz. "Mitos ameríndios e o princípio da diferença". *In*: NOVAES, A. (org.). *Oito visões da América Latina*. São Paulo: Edições Senac, 2006, p. 241-57.

PERRONE-MOISÉS, Beatriz. "Performing Alliances and Performative Identities: Tupinamba in the Kingdom of France". *In*: GRAHAM, L. & PENNY, G. (org.). *Performing Indigeneity: Global Histories and Contemporary Experiences*. Lincoln: University of Nebraska Press, 2014, p. 110-35.

PERRONE-MOISÉS, Beatriz. *Festa e guerra* (tese de livre-docência). São Paulo: Universidade de São Paulo, 2015.

PERRONE-MOISÉS, Beatriz & SZTUTMAN, Renato. "Dualismo em perpétuo desequilíbrio feito política: desafios ameríndios", 33º Encontro Anual da Anpocs, Caxambu, 26-30 out. 2009.

PERRONE-MOISÉS, Beatriz & SZTUTMAN, Renato. "Notícias de uma certa confederação tamoio", *Mana*, v. 16, n. 2, p. 401-33, 2010.

PIERRI, Daniel Calazans. *O perecível e o imperecível: reflexões guarani mbya sobre a existência*. São Paulo: Elefante, 2018.

PIMENTEL, Spensy K. *Elementos para uma teoria política kaiowa e guarani* (tese de doutorado). São Paulo: Universidade de São Paulo, 2012.

PIMENTEL, Spensy K. "El tendotá, figura clave de la teoría política amerindia para un debate ontológico-político". *In*: MARTÍNEZ RAMÍREZ, María Isabel; FUJIGAKI LARES, Alejandro & BONFIGLIOLI, Carlo (org.). *Reflexividad y alteridad I. Estudios de caso en México y Brasil*. México: Universidad Autónoma de México, 2019, p. 327-55.

PINTO, Nicole. *Do poder do sangue e da chicha: os Wajuru do Guaporé (Rondônia)* (dissertação de mestrado). Curitiba: Universidade Federal do Paraná, 2009.

RADIN, Paul. *Los indios de la America del Sur*. Buenos Aires: Hardcover, 1948.

RADIN, Paul. "The Social Organization of the Winnebago Indians: An Interpretation", Museum Bulletin, n. 10 (Anthropological Series, n. 5), 1915.

RAMOS, Alcida & ALBERT, Bruce (org.). *Pacificando o branco: cosmologias do contato no norte-amazônico*. São Paulo: Editora Unesp / Imprensa Oficial, 2000.

RAONI METYKTIRE & DUTILLEUX, Jean-Pierre. *Le combat de ma vie*. Paris: J'ai Lu, 2019.

RIBEIRO, Fábio A. Nogueira. *Encontros Zo'é nas Guianas* (tese de doutorado). São Paulo: Universidade de São Paulo, 2019.

SAGARD, Gabriel. *Le grand voyage au pays des Hurons*. Québec: Bibliothèque Québécoise, 1990 [1632].

SAHLINS, Marshall. *Culture in Practice: Selected Essays*. Nova York: Zone, 2000.

SAHLINS, Marshall. "Poor Man, Rich Man, Big Man, Chief: Political Types in Melanesia and Polynesia", *Comparative Studies*, v. 5, p. 285-303, 1963.

SAHLINS, Marshall. "The Economics of Develop-Man in the Pacific", *Res 21*, p. 12-25, 1992.

SAHLINS, Marshall. "The Original Political Society", *HAU: Journal of Ethnographic Theory*, v. 7, n. 2, p. 91-128, 2017.

SAHLINS, Marshall. *The Western Illusion of Human Nature*. Chicago: Prickly Paradigm, 2008.

SARRELANGUE, Delfina Esmeralda López. *La nobleza indígena de Patzcuaro en la época Virreinal* (tese de doutorado). Cidade do México: Universidad Nacional Autónoma de México, 1963.

SAVARD, Rémi. *Le rire précolombien dans le Québec d'aujourd'hui*. Montreal: L'hexagone, 1977.

SCHOEPF, Daniel. "Le domaine des colibris: accueil et hospitalité chez les Wayana", *Journal de la Société des Américanistes*, v. 84, n. 1, p. 99-120, 1998.

SEEGER, Anthony. *Os índios e nós*. Rio de Janeiro: Campus, 1980.

SEEGER, Anthony. *Why Suyá Sing: A Musical Anthropology of an Amazonian People*. Urbana / Chicago: University of Illinois Press, 1987.

SERAFIM LEITE, S. J. *Cartas dos primeiros jesuítas do Brasil*. 3 v. São Paulo: Comissão do IV Centenário, 1956.

SEWID, James. *Guests Never Leave Hungry: The Autobiography of James Sewid, a Kwakiutl Indian*. Org. James Spradley. Montreal / Londres: McGill-Queen's University Press, 1969.

SILVA, Marcio. *Romance de primas e primos: uma etnografia do parentesco waimiri-atroari*. Manaus: Valer, 2009.

SILVA, Marcio. "Tempo e espaço entre os Enawene Nawe", *Revista de Antropologia*, v. 41, n. 2, 1998.

SOARES, Ana Manoela Primo dos Santos (Karipuna). "Mulheres originárias: reflexões com movimentos de indígenas mulheres sobre as existências e inexistências de feminismos indígenas", *Cadernos de Campo*, v. 30, n. 2, p. 1-12, 2021.

SOARES, Lígia Raquel Rodriques & GIRALDIN, Odair. "Cantos de pátio timbira: um idioma musical em rede", *R@U*, v. 11, n. 2, p. 87-109, 2019.

SOARES, Renato Martelli. *Das comunidades à federação: associações indígenas do Alto Rio Negro* (dissertação de mestrado). São Paulo: Universidade de São Paulo, 2012.

SOARES DE SOUZA, Gabriel. *Tratado descritivo do Brasil em 1587*. São Paulo: Companhia Editora Nacional / Edusp, 1971.

SPIER, Leslie. "Notes on the Kiowa Sun Dance", *Anthropological Papers of the American Museum of Natural History*, v. 16, n. 7, p. 433-50, 1921.

STADEN, Hans. *Duas viagens ao Brasil*. São Paulo / Belo Horizonte: Edusp / Itatiaia, 1974 [1557].

SUTTLES, Wayne. "Streams of Property, Armor of Wealth: The Traditional Kwakiutl Potlatch". *In*: JONAITIS, Aldone (org.). *Chiefly Feasts: The Enduring Kwakiutl Potlatch*. Seattle: University of Washington Press, 1992, p. 71-128.

SZTUTMAN, Renato. *Caxiri, a celebração da alteridade: ritual e comunicação na Amazônia* (dissertação de mestrado). São Paulo: Universidade de São Paulo, 2000.

SZTUTMAN, Renato. "De caraíbas e morubixabas: a ação política ameríndia e seus personagens", *R@U*, v. 1, n.1, p. 16-45, 2009.

SZTUTMAN, Renato. *O profeta e o principal: a ação política ameríndia e seus personagens* (tese de doutorado). São Paulo: Universidade de São Paulo, 2005.

SZTUTMAN, Renato. "Perspectivismo contra o Estado: uma política do conceito em busca de um novo conceito de política", *Revista de Antropologia*, v. 63, n. 1, p. 185-213, 2020.

TEIXEIRA PINTO, Márnio. "História e cosmologia de um contato: a atração dos Arara". *In*: RAMOS, Alcida & ALBERT, Bruce (org.). *Pacificando o branco: cosmologias do contato no norte-amazônico*. São Paulo: Editora Unesp / Imprensa Oficial, 2000, p. 405-23.

TERÁN, Buenaventura (org.). *El ciclo de Tokjuaj y otros mitos de los Wichí*. Buenos Aires: Ediciones del Sol, 1999.

THORNTON, Thomas F. "From Clan to Kwaan to Corporation: The Continuing Complex Evolution of Tlingit Political Organization", *Wicazo Sa Review*, v. 17, n. 2, p. 167-94, 2002.

TINOCO, Silvia Lopes da Silva Macedo. *Joviña, cacique, professor e presidente: as relações entre o conselho Apina e os cursos de formação de professores Waiãpi* (dissertação de mestrado). São Paulo: Universidade de São Paulo, 2000.

TOOKER, Elizabeth. "The Structure of the Iroquois League: Lewis H. Morgan's Research and Observation", *Ethnohistory*, v. 30, n 3, p. 141-54, 1983.

TRAUTMANN, Thomas R. *Lewis Henry Morgan and The Invention of Kinship*. Los Angeles: University of Califor nia Press, 1975.

VIANA, Fernando de Luiz Brito. *Boleiros do Cerrado: índios xavantes e o futebol*. São Paulo: Annablume / ISA / Fapesp, 2008.

VILAÇA, Aparecida. "Chronically Unstable Bodies: Reflections on Amazonian Corporalities", *Journal of the Royal Anthropological Institute*, v. 11, p. 445-64, 2005.

VILAÇA, Aparecida. *Comendo como gente: formas do canibalismo wari*. Rio de Janeiro: Anpocs / Editora UFRJ, 1992.

VILAÇA, Aparecida. *Quem somos nós: os Wari encontram os brancos*. Rio de Janeiro: Editora UFRJ, 2006.

VIVEIROS DE CASTRO, Eduardo. "A antropologia perspectivista e o método de equivocação controlada", *Aceno*, v. 5, n. 10, p. 247-64, 2018.

VIVEIROS DE CASTRO, Eduardo. *A inconstância da alma selvagem e outros ensaios de antropologia*. São Paulo: Cosac Naify, 2002.

VIVEIROS DE CASTRO, Eduardo. *Araweté, os deuses canibais*. Rio de Janeiro: Zahar / Anpocs, 1986.

VIVEIROS DE CASTRO, Eduardo. *Métaphysiques cannibales: lignes d'anthropologie post-structurale*. Paris: PUF, 2009.

WAGLEY, Charles. "Kamairaho: a Tapirapé Leader", *Universitas*, v. 6, n. 7, p. 359-70, 1971.

WASHINGTON, Siemthlut Michelle. "Bringing Traditional Teachings to Leadership", *American Indian Quarterly*, v. 28, n. 3-4, p. 583-603, 2004.

WILKINS, David E. "Governance within the Navajo Nation: Have Democracy Traditions Taken Hold?", *Wicazo Sa Review*, v. 17, n. 1, p. 91-129, 2002.

WILLARD, William. “The Comparative Political History of Two Tribal Governments”, *Wicazo Sa Review*, v. 6, n. 1, p. 56-62, 1990.

WISSLER, Clark. “The Sun Dance of the Blackfoot Indians”, *Anthropological Papers of the American Museum of Natural History*, v. 16, n. 3, p. 223-70, 1918.

YANO, Ana Martha Tie. *Carne e tristeza: sobre a culinária caxinauá e seus modos de conhecer* (tese de doutorado). São Paulo: Universidade de São Paulo, 2014.

YOUNG, Molly. “Native Women Move to the Front of Tribal Leadership”, s.d. Disponível em: http://cojmc.unl.edu/nativedaughters/leaders/native-women-move-to-thefront-of-tribal-leadership.

ZEILINGER, Lisa Ann. *The Persistence of Hope in Indian Country: The Lakota/Dakota of South Dakota* (dissertação de mestrado). Missoula: University of Montana, 2011.

ZIBECHI, Raúl. *Dispersar el poder: los movimientos como poderes antiestatales*. Buenos Aires: Tinta Limón, 2006.

FOTO: ÉRIC BROCHU

BEATRIZ PERRONE-MOISÉS nasceu em São Paulo, em 1958. Dedica-se desde muito jovem ao estudo de povos indígenas das Américas. Seus trajetos de aprendizagem começaram por museus e bibliotecas, passaram por aldeias e arquivos, simpósios e conversas, documentários e artigos, orientações e salas de aula. Seus principais temas de pesquisa têm sido direitos indígenas, relações entre europeus e nativos na América colonial e modos indígenas de operar o que chamamos de "política". Traduziu várias obras fundamentais, entre as quais se destacam as *Mitológicas*, de Claude Lévi-Strauss, e *A queda do céu*, de Davi Kopenawa e Bruce Albert. É professora do Departamento de Antropologia e pesquisadora do Centro de Estudos Ameríndios (CEstA) da Universidade de São Paulo (USP), onde defendeu, em 2015, a tese de livre-docência que deu origem a este livro.

elefante

EDIÇÃO
Tadeu Breda

REVISÃO
Bruno Barros
Laila Guilherme

PROJETO GRÁFICO
Mateus Valadares

CAPA & DIREÇÃO DE ARTE
Bianca Oliveira

ASSISTÊNCIA DE ARTE
Yana Parente

DIAGRAMAÇÃO
Daniela Miwa Taira

IMAGENS
capa: Albert Eckhout.
Dança dos Tarairiu (Tapuias).
Óleo sobre tela. Século XVII.

p. 2-3: Theodor de Bry.
Dança dos Tupinambá.
Gravura. Século XVI.

p. 146-7: Alexandra Williams.
Pow wow intertribal no Dorothea Dix Park.
Fotografia. Século XXI.

Primeira edição, maio de 2025
São Paulo, Brasil

Dados Internacionais de Catalogação na Publicação (CIP)
Angélica Ilacqua CRB-8/7057

Perrone-Moisés, Beatriz
Festa e guerra: movimentos coletivos dos povos nativos da América / Beatriz Perrone-Moisés. — São Paulo: Elefante, 2025.
176 p.

Bibliografia
ISBN 978-65-6008-094-2

1. Povos indígenas – Cultura I. Título
25-1137 CDD 399.2

Índice para catálogo sistemático:
1. Ciências sociais

COLEÇÃO FUNDO & FORMA

elefante
editoraelefante.com.br
contato@editoraelefante.com.br
fb.com/editoraelefante
@editoraelefante

TIPOGRAFIA Arnhen & Euclid Flex
PAPEL Supremo 250 g/m² & Pólen Bold 70 g/m²
IMPRESSÃO Margraf